करुणा के स्वर

एक लेफ्टिनेंट गवर्नर की सर्वश्रेष्ठ व्यवस्था...
उनके नेतृत्व की कीमती सीख, ट्वीट्स,
ब्लॉग्स और तस्वीरों के माध्यम से

शिवानी अरोड़ा

डायमंड बुक्स
www.diamondbook.in

प्रकाशक : डायमंड पॉकेट बुक्स (प्रा.) लि.
X-30, ओखला इंडस्ट्रियल एरिया, फेज-II
नई दिल्ली-110020
फोन : 011-40712200
ई-मेल : sales@dpb.in
वेबसाइट : www.diamondbook.in
संस्करण : 2020

KARUNA KE SWAR
By : *Shivani Arora*

प्रस्तावना

हमारे विद्यालयों में पढ़ाई जाने वाली इतिहास और नागरिक शास्त्र की पाठ्य पुस्तकों में राज्यपालों को औपचारिक हस्तियों के रूप में संदर्भित किया है। समय-समय पर राजकीय कार्यालय के कई कर्मचारियों पर केंद्र के आसानी से वश में आ जाने वाले एजेंट होने का आरोप लगाया गया है, इसके बावजूद कुछ उत्कृष्ट राज्यपालों, विशेष रूप से दक्षिण के कुछ उत्कृष्ट राज्यपालों का ऐसा रिकॉर्ड है, जिन्होंने राजभवन को गरिमा प्रदान की।

अपनी किशोरावस्था के दौरान नन्ही शिवानी अरोड़ा ने पहली बार चुंबकीय व्यक्तित्व वाली आईपीएस अधिकारी डॉ. किरण बेदी को जब देखा था तो उन्हें देख कर उनके मन में एक आकर्षण पैदा हुआ था कि वे भी उनकी ही तरह एक दिन अपना व्यक्तित्व बनाएंगी। युवावस्था में अपनी रोल मॉडल को पत्र भेजने से लेकर, तिहाड़ जेल के महानिरीक्षक बनने और मैग्सेसे अवार्ड पाने तक और उसके बाद अपने वर्तमान अवतार में पुडुचेरी के उपराज्यपाल के रूप में डॉ. बेदी के साथ बातचीत करते हुए उसने उनके जीवन का पूरा चक्र जाना।

यदि स्वर्गीय डॉ. अब्दुल कलाम ने राष्ट्रपति भवन को महल जैसी व्यवस्था को अपनी पहल से जनता के राष्ट्रपति के रूप में बदल दिया। इसी प्रकार डॉ. बेदी ने भी पुडुचेरी में राजनिवास की कार्यप्रणाली और धारणा को बदल दिया। उपराज्यपाल का जन-केंद्रित दृष्टिकोण, सरकारी कार्यालयों में औचक निरीक्षण या नियमित रूप से जनता के बीच जाकर उनसे बातचीत करने के, सभी वीडियो आज लोगों के बीच देखे जा रहे हैं, जो सोशल मीडिया पर वायरल हो गए हैं, निस्संदेह ये लेखिका के

भी मनपसंद थे, लेकिन इसे वहां की निर्वाचित सरकार ने पसंद नहीं किया, क्योंकि उनकी नजर में डॉ. बेदी की यह कार्यशैली संवैधानिक नियंत्रण रेखा का उल्लंघन है।

'करुणा के स्वर' स्पष्ट रूप से उपराज्यपाल की अपरंपरागत शैली का एक विशिष्ट दस्तावेज है। जबकि शिवानी दिशा बदलने वाली संचरित्र लेखन के करीब हैं, उनकी पत्रकारिता वाली पृष्ठभूमि निष्पक्षता से कहानी को इस तरह से बताने के संदर्भ में उनकी मदद करती है।

आज मीडिया में नकारात्मकता की अधिकता ने, नागरिकों के मन में बिठा दिया गया है कि सार्वजनिक कार्यकारियों का संबंध गुटबाजी और असंतोष के साथ जुड़ा है, इसमें उपराज्यपाल डॉ. बेदी ताजा हवा की सांस की तरह हैं। जो मात्र एक रबर-स्टैम्प नहीं हैं, बल्कि उन्होंने अपने कार्यालय में परिवर्तन लाकर सबके अंदर ऊर्जा और जुनून को संचारित किया है। आज कितने ही नागरिक उपराज्यपालों के साथ सेल्फी के लिए कतार में खड़े दिखाई देते हैं। या कितने बच्चों को उपराज्यपाल की कुर्सी पर बैठने के लिए मिलता है? शिवानी अरोड़ा का यह वृतांत उन उपराज्यपालों के अपरिवर्तनीय संदर्भों को फिर से देखने के लिए पर्याप्त है जिनका वर्णन स्कूली पाठ्य पुस्तकों में किया गया है!

इसलिए इस पुस्तक की टैग लाइन आसानी से ये भी हो सकती है- उम्मीद का दुस्साहस।

संजय पिंटो
अधिवक्ता, मद्रास उच्च न्यायालय
स्तंभकार, लेखक, राजनीतिक विश्लेषक
पूर्व रेजिडेंट संपादक, NDTV 24x7

भूमिका

नेतृत्व की कीमती सीख

एक नेता किसी दूसरे के लिए काम नहीं करता है, वह खुद के लिए काम करता है। वह सेवा करने का काम चुनता है। एक नेता स्व-संचालित होता है। उसे क्या करना है यह बताने की जरूरत नहीं है, क्योंकि वह स्वयं ही, यह कार्य करता है। वह किसी की नौकरी नहीं करता। वह अपनी और दूसरों की सेवा करता है। उसकी सेवा करने का एक ऊंचा उद्देश्य है और वह दूसरों के लिए काम करके आनंद फैलाता है। – किरण बेदी

मुझे 22 मई, 2016 की दोपहर बहुत साफ-साफ याद है जब टेलीविजन पर खबरें फ्लैश हो रही थीं – डॉ. किरण बेदी को पुडुचेरी के उपराज्यपाल के रूप में नियुक्त किया। मुझे बहुत खुशी हुई कि किरणजी, जो बचपन से मेरी प्रेरणा थी, इस तरह के एक महत्त्वपूर्ण संवैधानिक पद पर काबिज होने जा रही थी, मुझे बहुत खुशी हुई, क्योंकि मुझे उनकी ओर से सितंबर में मेरे कॉलेज में होने वाले एक महत्त्वपूर्ण कार्यक्रम में आने की स्वीकृति मिली थी – और अब यह पोस्टिंग! मैं सोच रही थी कि अब क्या होगा। क्या वह अभी भी निमंत्रण का सम्मान करेंगी? फिर मैंने उनको एक बधाई संदेश भेजा और उनको निमंत्रण के बारे में याद दिलाया। उन्होंने कहा, "मैंने तुम्हारे साथ जो वादा किया है मैं उसे पूरा करुँगी।"

किरण जी या 'मैम', जैसा कि मैं अभी उनको सम्बोधित करती हूँ, उनके साथ यह मेरी पहली व्यक्तिगत बातचीत थी। उपराज्यपाल के रूप में किये गए उनके काम की धाक मुझ पर छायी थी और फिर मुझे उनकी रचनात्मक टीम का हिस्सा बनने और यहां तक कि उनके साथ मिलकर काम करने का सौभाग्य मिला। मुझे वे अपनी "के-पीडिया" के नाम से पुकारती हैं और मैं उनको अपनी फॉरएवर इंस्पिरेशन और अपनी गॉडमदर कहती हूं।

उनकी नेतृत्व शैली के अनुरूप, उन्होंने उपराज्यपाल की भूमिका को फिर से परिभाषित किया। उन्होंने लोगों को सेवा देते हुए पुडुचेरी को "समृद्ध पुडुचेरी" बनाने के मिशन पर होने के अपने उद्देश्य को परिभाषित किया। वह स्वयं-संचालित हैं और एक उपराज्यपाल के रूप में उन्होंने हमारे देश के संवैधानिक इतिहास में खुद के लिए एक विशेष स्थान बनाया है जिसने रबर-स्टैम्प बनने से इंकार कर दिया, लेकिन जिसने राजनिवास के द्वार आम लोगों के लिए खोल दिए और उन्हें अत्यंत प्रेम और स्नेह के साथ सेवा दी। उनकी दयालुता का बोलबाला उनके काम के माध्यम से दिखता है जिसने लोगों का दिल जीत लिया।

जब एक नेतृत्व गुण के रूप में दया की बात आती है, तो कुछ लोगों का मानना है कि यह एक कमजोरी हो सकती है। लेकिन वास्तव में दया नेतृत्व को मजबूत करती है। कुछ लक्षण जो नेतृत्व में दयालुता का प्रदर्शन करते हैं उनमें शामिल हैं देने और प्राप्त करने की उदारता, लोगों की जरूरतों के प्रति देखभाल और उत्तरदायी होना, व्यक्तिगत तौर पर बातचीत करना, रचनात्मक प्रतिक्रिया पर निर्णय लेते समय दूसरों के विचारों को महत्त्व देना, परामर्श और सलाह देना और व्यक्तिगत विचारों को समायोजित करना। इनमें से प्रत्येक विशेषता डॉ. किरण बेदी की नेतृत्व शैली की विशेषता रही है। इस पुस्तक का यह शीर्षक रखने की यही वजह है।

इस पुस्तक के पहले भाग में उपराज्यपाल के रूप में पिछले तीन वर्षों में उनके कार्यों का संक्षेप में वर्णन करने का एक प्रयास किया है,

कि किस प्रकार से मैंने एक बाहरी व्यक्ति के रूप में और उनकी टीम के हिस्से के रूप में उनके काम को देखा और मैंने इसे उनके ट्वीट, ब्लॉग से कैसे जोड़ा – इन सबसे ऊपर नेतृत्व की कीमती सीख को जोड़ा जो उनके विचारों की अभिव्यक्ति थे।

पुस्तक का दूसरा भाग इस बात की गहराई से जानकारी देता है कि कैसे उन्होंने टीमवर्क, पारदर्शिता और क्षेत्र कार्य के आधार पर शासन के एक नए मॉडल को सबके सामने लाया, जो न केवल सरकारें, बल्कि कॉरपोरेट और अन्य संगठन भी अपने कामकाज के तरीके में बदलाव लाने के लिए अपना सकते हैं।

विषय वस्तु

भाग - ए

भाग - ब

भाग – ए

जब उच्च पुलिस अधिकारी बनी राज्यपाल

नेतृत्व की कीमती सीख

नेतृत्व पूरी तरह से जिम्मेदार, पूरी तरह से जवाबदेह होने की स्वतंत्रता है। यह स्वयं के द्वारा किये गए कार्यों, चूकों और कार्यभार का पूरा लेखा-जोखा है। - किरण बेदी

जब डॉ. किरण बेदी ने पुडुचेरी के राज्यपाल के रूप में पदभार संभाला, तो शुरू से ही वह एक ऐसे रास्ते पर चलीं, जिस पर पहले कोई नहीं चला था। उन्होंने राज्यपाल के रूप में काम करने के अपने उद्देश्य और अपनी खुद की शैली को परिभाषित किया। उनका पहला कदम राज्यपाल के रूप में शपथ लेने के बाद अधिकारियों और मेहमानों की एक सभा को संबोधित करना था। हालाँकि राज्यपाल द्वारा यह एक नियमित अभ्यास नहीं था, लेकिन वह पुडुचेरी को "समृद्ध पुडुचेरी" बनाने के अपने मिशन के साथ तैयार हुई थी और उन्होंने यहां अपनी टीम को देने के लिए एक मंत्र भी तैयार किया था। उनका मंत्र TEA- विश्वास (Trust), सशक्तिकरण (Empowerment) और जवाबदेही (Accountability) था।

उनके शपथ भाषण से लिया गया सन्दर्भ

और आज मेरे लिए, यह नई जिम्मेदारी पूजा के एक रूप की तरह सामने है... भारत के सबसे खूबसूरत हिस्से की सेवा करना। मैं यह सब देने के लिए यहां हूं। हम सभी एक समृद्ध पुडुचेरी की

कल्पना करते हैं और हम इस जिम्मेदारी को तीन सिद्धांत मंत्रों के माध्यम से सबके बीच निभाएंगे। सबसे पहला है विश्वास (Trust)। इसका अर्थ होगा वित्तीय, प्रशासनिक और प्रयोजन के सभी रूपों में ईमानदारी के साथ काम करना।

दूसरा मंत्र है अधिकार देना (Empowerment)। इसका मतलब है समस्याओं को सुलझाते हुए संसाधनों के अधिकतम उपयोग को सक्षम करना और बढ़ाना। इसका अर्थ प्रशिक्षण, सलाह या और अन्य माध्यमों से बढ़ावा देना और निर्भर करना भी है।

तीसरा और अंतिम मंत्र है जवाबदेही (Accountability)। जो न केवल लोगों के लिए बल्कि खुद के लिए भी है। इसका अर्थ है कानून के सम्मान को लागू करना और बढ़ावा देना।

इन मंत्रों को मिलाकर TEA का संक्षिप्त नाम बनता है।

वह पहले दिन से ही एक्शन में आ गईं। शुरुआती दिनों के दौरान, कुछ काम जो उन्होंने शुरू किए, वे करुणा पर आधारित थे। उन्होंने बाद में अपनाई गई कार्य पद्धति के लिए माहौल बनाया जिसे उन्होंने अपनाया और अब तक उसी प्रकार से उसका अनुसरण कर रही हैं।

प्रारंभिक दिवस

> @ TheKiranBedi: मुझे इस स्थिति को सक्षम करने के लिए ईश्वर का धन्यवाद, जहां मैं सामूहिक रूप से कुछ कर सकती हूं और प्राप्त कर सकती हूं, जिसकी मैंने हमेशा कल्पना की थी।
>
> 1 July 2016

राज्यपाल के रूप में कार्यभार संभालने के कुछ ही दिनों के भीतर, डॉ. किरण बेदी ने इतने बदलाव लाए कि पुडुचेरी में लोगों को, अभी-अभी आई, इस नए नेता ने अचंभित कर दिया था और उनकी मदद करने के लिए सबसे पहले उनके पास पहुँच रही थीं। पहले सप्ताह में ही उन्होंने ओपन हाउस की परम्परा शुरू कर दी और जिनकी शिकायतें थीं उनके लिए राजनिवास के द्वार खुले कर दिए गए और उनको हर दिन 40 टोकन जारी किए जाते थे। यह एक व्यवस्था थी, जिसे डॉ. बेदी ने नई दिल्ली में तब शुरू किया था, जब वह दिल्ली के राज्यपाल तेजिंदर खन्ना की विशेष सलाहकार थीं। उन्होंने उसी व्यवस्था को पुडुचेरी में भी शुरू किया और आज तक वह व्यवस्था जारी है। उन्होंने एक कदम और उठाते हुए सायरन के उपयोग पर प्रतिबंध लगाया। इस बात पर उनका कहना था, "मैं गाड़ी में बैठे शहर का दौरा कर रही थी और मुझे यह देख कर शर्म आ रही थी कि मेरी गाड़ी में बजते हुए सायरन को सुनकर लोग डर के मारे छिटक कर दूर खड़े हो रहे थे। लोगों को सड़क पर चलने फिरने की स्वतंत्रता के अधिकार को सायरन के कारण रोका नहीं जाना चाहिए।"

फिर उन्होंने पुडुचेरी में वृक्षारोपण अभियान की योजना बनाई और पुडुचेरी का हर सरकारी कार्यालय इस कार्रवाई को पूरा करने में जुट गया। उनके पदभार सम्भालने के बाद पहली बार अधिकारियों ने सुबह 9 बजे कार्यालय पहुंचना शुरू किया और लोगों की मदद के लिए खुद ही आगे आने लगे। जब वह पुडुचेरी आने के लिए अपने बैग पैक कर रही थी तब उनको अपने पिता की डायरी मिली थी, अब पुडुचेरी में डॉ. बेदी ने अपने पिता की डायरी को पढ़ते हुए उसी की तरह हर दिन का पूरा उपयोग करना शुरू कर दिया था।

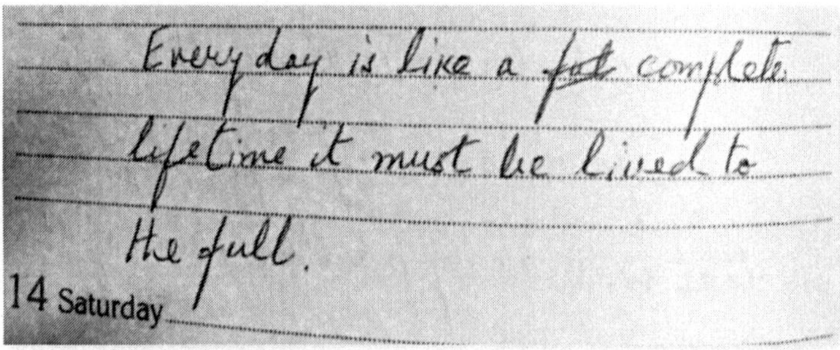

ये सभी प्रथाएं, जो उन्होंने पदभार संभालने के बाद पहले पखवाड़े के भीतर शुरू की थीं, जो एक तरह के नेता बनने के आग्रह से प्रेरित थीं, जो अपने पद के माध्यम से लोगों की सेवा करने के लिए थीं। इस बात ने उन्हें वास्तव में सबसे अलग नेतृत्व करने वाला बना दिया।

दूसरों से अलग नेतृत्व

नेतृत्व की कीमती सीख -

एफ.ओ.जी:

एफ : मौके के स्थान पर मिलने/जाने के लिए या एक जिस क्षेत्र में समस्या हो उसके समाधान के लिए वहां जाना या फिर साइट पर लोगों के साथ मिलने के लिए समय तलाशना।

ओ : आम जनता से मुलाकात के लिए एक निश्चित समय/दिन अपना कार्यालय खेलना - यानी कि ओपन हाउस रखना।

जी : यानी कि उपहार - हम नेता के रूप में अपनी आधिकारिक स्थिति के कारण कई उपहार प्राप्त करते हैं। यह हमें तय करना होगा कि उनमें से कौन-सा हमारे प्रियजनों द्वारा दिया गया है और कौन-सा हमारे पद के कारण हमें दिया गया है। जो आपके पद के कारण आपको दिए गए हैं, उनको अलग करके वह उन लोगों को दे दिया जाना चाहिए जिन्हें उनकी अधिक आवश्यकता है। यह तब होगा जब आप ईमानदारी से स्वयं के हिस्से का काम करेंगे। इसे आप खुद करके देखिए। - किरण बेदी

डॉ. किरण बेदी ने राज्यपाल की भूमिका को फिर से परिभाषित किया और लोगों ने उनके शासन में एक अभूतपूर्व परिवर्तन देखा। उपर्युक्त कीमती सीख के अनुसार वह तीनों FOG का अनुसरण करती हैं।

मुलाकातियों से मिलने का समय : उन्होंने इसके लिए लोगों से मुलाकात करने और उनके मुद्दों को सुनने के लिए समय तय किया।

सप्ताहांत की सुबह वह अपनी टीम के साथ इसके के लिए पूरी तरह समर्पित होती थीं, उस दौरान वह समस्यायें सुनतीं, देखतीं और उनको दूर करने का प्रयास करतीं। इस दौरान डॉ. बेदी का कहना था "भाषा मेरे लिए बहुत बड़ी बाधा थी इसलिए मैंने फैसला किया कि अगर लोग मेरी बात नहीं सुनेंगे तो वे कम-से-कम मुझे देख तो सकते हैं। इसलिए मैंने अपनी टीम के साथ हर सुबह जल्दी उठना शुरू कर दिया ताकि लोग अपने एलजी को देख सकें और मैं उनकी समस्या को हल कर सकूं और उनको उस समस्या से बाहर निकाल सकूं।" उन्होंने 200 से अधिक सप्ताहांत के दौरे किये और झीलों को पुनर्जीवित करने का, इकट्ठाा किये हुए कचरे को साफ करने का और यहां तक कि पुडुचेरी को जलसमृद्ध बनाने के लिए काम किया, उनके लिए ये सप्ताहांत दौरे पूरी तरह से गेम चेंजर साबित हुए।

सप्ताहांत दौरे पर उनके ब्लॉग का एक अंश

क्या है सप्ताहांत का मॉर्निंग राउंड और क्यों

----

201 सप्ताहांत का मॉर्निंग राउंड
****

इसका अर्थ है "टीम राजनिवास" के रूप में हमने 100 सप्ताह में 201 सप्ताहांत दौरे किए हैं (शनिवार और रविवार को 6:30 बजे से)। मैंने 29 मई, 2016 को उपराज्यपाल के रूप में कार्यभार संभाला था। मैंने अपनी जिम्मेदारी के पहले सप्ताह के अंत से यहां उपराज्यपाल के रूप में अपने सप्ताहांत के मॉर्निंग राउंड की शुरुआत की।

मेरा पहला दौरा माननीय अध्यक्ष के निर्वाचन क्षेत्र से आयी शिकायत के संदर्भ में हुआ था, जहाँ चोक हुई नालियों की समस्या थी। और इसके लिए वे निवासियों के प्रतिनिधिमंडल के

साथ मुझसे मिलने आ रहे थे। वे एक समाधान चाहते थे। उनके अनुरोध पर मैं आवासीय कॉलोनी में गयी और मैंने देखा कि वहां बहुत जल्दी कार्यवाही की आवश्यकता थी। फील्ड विजिट के लिए दूसरा अनुरोध विधायक श्री लक्ष्मी नारायण की ओर से ग्रांड कैनाल सफाई के लिए आया था। मैं भी उनके साथ गई और मैंने खुद देखा कि स्थिति काफी खराब थी। ग्रांड कैनाल में बहुत बदबू आती थी। दोनों स्थानों को देखने के बाद मुझे लगा कि समाध ान निकालने के लिए कागजी रिपोर्टों को पढ़ने की प्रतीक्षा करने के बदले मुझे स्थान पर जाकर सीधे तौर पर देख कर विभाग के बीच घनिष्ठ तालमेल करने की आवश्यकता है, क्योंकि जमीन पर वास्तविकता बहुत भिन्न हो सकती है। मुझे लगा कि चीजों को तेजी से सुधारने के लिए मुझे कम्फर्ट जोन से बाहर निकलना होगा और नियमित फील्ड विजिट करनी होगी। मैंने सप्ताहांत की सुबह को चुना क्योंकि वह मेरा अपना और अनुकूल समय है। ऑफिस के काम के लिए इंतजार नहीं करना पड़ता। इसलिए मैंने दिन शुरू करने के लिए सुबह 6 बजे / 6.30 बजे का समय चुना। वैसे भी मैं आदतन जल्दी उठने वाली हूं। और इस तरह टीम राजनिवास का गठन किया गया।

कार्यालय खुले: डॉ. बेदी के नेतृत्व में, राजनिवास लोगों का निवास स्थान बन गया, या यूँ कहें कि वह एक लोक निवास बन गया और अब तो यहां तक हो गया कि उसे विश्वास निवास भी कहा जाने लगा है। एक निश्चित समय पर ओपन हाउस आने और शिकायतें सुनने से पहले आगंतुकों को जहां ऐतिहासिक राजनिवास देखने के लिए मिलता वहीं वे राज्यपाल के साथ बातचीत भी करते। राजनिवास में पुडुचेरी के लोगों के साथ सभी त्योहार मनाये जाते, पुडुचेरी के इतिहास में पहली बार राजनिवास के दरवाजे जनता के लिए खुले थे।

उपहारः राजनिवास में उनको हर दिन बहुत सारे उपहार मिलते हैं, लेकिन ये सभी उपहार राजनिवास की उपहार अलमारी में जाते हैं और बाद में उन्हें लोगों को दिया जाता है - जिनमें स्वच्छता कार्यकर्ता, अधिकारी और निश्चित रूप से बच्चे शामिल हैं। उन्हें जो शॉल मिलते हैं, वे स्वच्छता कार्यकर्ताओं को दिए जाते हैं। शहर के चारों ओर मैम को साइकिल चलाते देखना, सफाई कर्मचारियों को रोकना और शहर को साफ रखने के लिए उन्हें धन्यवाद देना और उन्हें ये शॉल देना बहुत ही दिल को छू लेने वाला दृश्य है। अन्य सभी उपहार, जो उनको लेने का उत्सुक हो, उनको किताबें, फल, शॉल, स्टेशनरी, सभी दिए जाते हैं। इस बारे में डॉ. बेदी कहती हैं, "ये उपहार किरण बेदी के लिए नहीं आ रहे हैं, यह एलजी के लिए आ रहे हैं और वे इस कार्यालय से संबंधित हैं। मैं यहां से कुछ नहीं लेती हूं। इसके बजाय हम इन्हें उन लोगों को वापस देते हैं जो उनके योग्य हैं।"

> @ द किरण बेदीः राजनिवास में प्राप्त सभी उपहार (पिछले 5 महीने) दिवाली समारोह के हिस्से के रूप में वापस प्रस्तुत किए गए।
>
> 27 अक्टूबर 2016

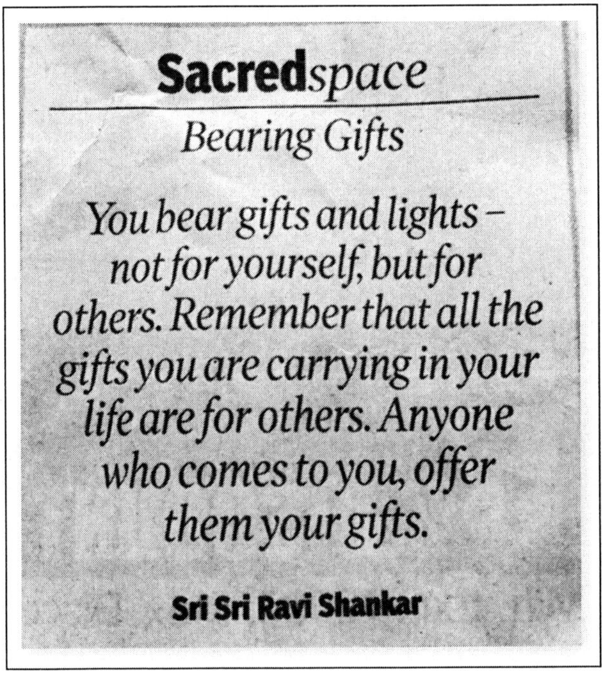

Sacred*space*

Bearing Gifts

You bear gifts and lights – not for yourself, but for others. Remember that all the gifts you are carrying in your life are for others. Anyone who comes to you, offer them your gifts.

Sri Sri Ravi Shankar

डॉ. बेदी ओपन हाउस, वीकेंड राउंड्स और उपहार बांटने के दयालु तरीके से लोगों के बीच पहुंचीं। उनके भीतर का नेता भी अधिकारियों तक पहुंचना चाहता था ताकि उनकी विशेषज्ञता का उपयोग करके उन्हें बेहतर काम करने में मदद की जा सके। इसलिए उन्होंने उनसे मिलना शुरू किया, कार्यालयों का दौरा किया और रिव्यू मीटिंग्स कीं।

खुद सीखना और परामर्श करना

नेतृत्व की कीमती सीख

नेता ऐसे हुनर के साथ एक काम पूरा करता है कि बाकी कुछ भी करने के लिए नहीं रह जाता। यह वास्तविक प्रवीणता है। ऐसा होने के लिए वह फोकस्ड रहता है और निरंतर सीखने के माध्यम से अपने कौशल को अपडेट करना भी जारी रखता है। यही कारण है कि टीम के सदस्यों का आत्म-प्रशिक्षण और प्रशिक्षण महत्त्वपूर्ण है। - किरण बेदी

उपराज्यपाल के रूप में डॉ. बेदी ने अपने काम को केवल फाइलों पर हस्ताक्षर करने या समारोह में स्थान हासिल करने तक सीमित नहीं रखा। वह मानती हैं कि वह पुडुचेरी में बदलाव लाने के लिए वहां हैं और वे लगातार ज्ञान लेना और उसे उन्नत करना पसंद करती हैं। वह लोगों को आत्म-मूल्यांकन करने में मदद करने और उनकी मदद करने में भी विश्वास करती हैं। यही वह बात है जो उन्हें अधिकारियों और सचिवों के साथ आमने-सामने की बातचीत करने, विभागों का दौरा करने, आत्म-मूल्यांकन परीक्षाओं को करने का बढ़ावा देता है। उनकी आमने-सामने की बातचीत प्रत्येक अधिकारी की आंखें खोलने वाली होती थीं और कुछ ने तो यह चाहा भी था कि उन्हें अपने करियर की शुरुआत में इस तरह का सलाहकार मिल जाता। उनको विभागों के उनके दौरे से पता चला कि अधिकारियों को अपने काम के बारे में ज्ञान की कमी थी और वहां सुधार की बहुत आवश्यकता थी। उन्होंने अधिकारियों को जो सीखें दी, वे बहुमूल्य प्रबंधन सीखें थीं और उनके द्वारा ली गयी

आत्म-मूल्यांकन परीक्षाओं ने वास्तव में अधिकारियों को अपने बारे में जानने में और अपने ज्ञान में सुधार करने में मदद की और यहाँ तक SWOT विश्लेषण करने में भी सहायता मिली।

@TheKiranBedi: दिन की शुरुआत रोजाना सुबह 9:30 बजे एक सचिव के साथ मुलाकात से होती है। आज सचिव आईटी के साथ था। यह वास्तव में मदद करता है। यह अपडेट करता है और अधिकारी को महीने की योजना, फोकस, प्रशिक्षण और अधिक-से-अधिक ध्यान केंद्रित करने में मदद करता है।

27 अक्टूबर, 2016

परफॉरमेंस अप्रैजल पर ब्लॉग

आप को "आउटस्टैंडिंग" या "बहुत अच्छा" एनुअल अप्रैजल करने के लिए क्या करना चाहिए? इसके लिए यहाँ मेरा ऑब्सेर्वशन्स है।

***************** *****************

यहाँ असेसमेंट पीरियड की शेष अवधि के दौरान एक आउटस्टैंडिंग अप्रैजल पाने के लिए मेरी आप लोगों को "गाइडेंस" यही है। (इसमें मुझे कोई संदेह नहीं है कि आपकी भी यह आकांक्षा है)।

यहाँ कुछ सामान्य जो बिंदु हैं सभी के लिए लागू होते हैं। प्रत्येक विभाग के पास ऐसी विशिष्टताएँ होती हैं जिन्हें आप नेता के रूप में पहचान सकते हैं जिनको असेसमेंट के समय आपकी रीव्युइंग या अक्सेप्टिंग अथॉरिटी के रूप में मेरे द्वारा मूल्यांकन किया जाएगा।

1. समय-समय पर उनकी समस्याओं को समझने के लिए स्टेक होल्डर्स के साथ बार-बार एक नियोजित कैलेंडर के साथ फील्ड का दौरा करें। इसी के साथ सभी वर्गों के अपने बेनेफिशरीज को भी कवर करें।
2. कटिंग रैंक से जुड़ने के लिए सीधे अपने यूनिट विजिट में खुद को व्यस्त रखें। जगह को देखें और उसको महसूस करें, कि क्या यह डेटा एंट्री और एनालिसिस में सुधार करने के लिए अधिकतम टेक्नोलॉजी का उपयोग कर रहा है?
3. एक रिसोर्स प्रोवाइडर और एक गाइड बनें। आपके पास कौन और क्या है, इस पर भरोसा रखें और जो नहीं है उसका इंतजार न करें और ना ही उसकी कामना करें। समय हम में से किसी का इंतजार नहीं करता है।
4. योजना और उद्देश्य में सुधार करें और इनका पालन करके देखें कि क्या ये लागू हो गए। जिसका अर्थ है कि आपको अपने दौरे के मिनट्स और दिए गए गाइडेंस को मेन्टेन करना चाहिए। आप उन्हें रिकॉल करने और असेसमेंट करने के लिए उपयोग करें। अपनी फाइलें / प्रस्ताव को ट्रैक करें।
5. यह एक मेंटरिंग विजिट भी है जहां आप सेल्फ-स्टडी, टीम ट्रेनिंग को अनिवार्य करके अगले स्तर तक डिपार्टमेंट परफॉर्मेंस लेते हैं और फिर आप जाकर टेस्ट लेते हैं।
6. अपने लिए एक प्लांड शेड्यूल मेन्टेन रखें और सुनिश्चित करें कि आपके यूनिट हेड भी ऐसा करें। अपनी रिव्यु मीटिंग की योजना बनाएं। जबकि इसी के साथ सम्भावनाओं के लिए भी दरवाजा खुला रखें।

   महीने में एक बार कम-से-कम अपनी सभी यूनिट्स को एक साथ कम्यूनिकेट करने के लिए इकट्ठा करें और महीने के किसी भी दिन किसी विशिष्ट यूनिट से कलेक्टिव परफॉरमेंस और प्रिऑरिटीज साझा करें।

8. समीक्षा करने से पहले आप नए लोगों को जोड़ें। वालंटियर को आर्डिनेशन करें। सभी साथियों से बातचीत करें और उनके साथ मिलकर तेजी से निर्णय लें।
9. फाइनेंसियल और निर्णयों, नियमों तथा प्रक्रियाओं को लागू करने के लिए दृढ़ रहें। लीक से हटना केवल तभी उचित है जब वह तर्कसंगत हो और किसी के अहसान को या बदले को चुकाने के लिए नहीं किया गया हो। हमेशा अपनी महत्त्वपूर्ण फाइलों को ट्रैक करें। उन पर अपनी पैनी नजर रखें। आपकी जिम्मेदारी सिर्फ फाइल पास करना नहीं है बल्कि उनके कार्यान्वयन में है।
10. सभी नियुक्तियों और निर्णयों में कानून और फाइनेंसियल विवेक और ट्रांसपेरेंसी में कानून के शासन का सख्ती से पालन करने को बढ़ावा देना।
11. गाइडेंस का सम्मान करें। और समय-समय पर उस पर की गई कार्रवाई की प्रतिक्रिया प्रदान करें। और जरूरत पड़ने पर स्पष्टीकरण दें। आपसे किये गए प्रश्नों का उत्तर दें। अपने वरिष्ठों को ग्रांटेड मत लेना, क्योंकि उनके पास भी एक ट्रैकर है।
12. मैं आपको हमेशा गाइड करती रहूंगी क्योंकि ऐसा करना मेरा कर्तव्य है।
13. यदि आप इन बिंदुओं को सार्थक समझते हैं तो कृपया इनका उपयोग करें। यह आपको आपके करियर में अच्छे स्थान पर खड़ा करेंगे।

अपने सभी कामों के बीच, जब वह ओपन हाउस में शिकायतों को सुनती थी, तो एक शिकायत घूमफिर कर उनके पास आ आती थी, वह थी मेडिकल प्रवेशों के बारे में कि कैसे मेधावी छात्रों को सीटें नहीं दी जा रही थीं क्योंकि वे कैपिटेशन फीस के लिए सक्षम नहीं थे। इसलिए उन्होंने सीधे-सीधे आमना-सामना करने के लिए कदम बढ़ाया और छात्रों को न केवल एक नेता के रूप में बल्कि एक दयालु माँ के रूप में मदद की।

आमना-सामना करना

नेतृत्व की कीमती सीख

जो सबसे जरूरी होता है एक लीडर उसी के साथ शुरुआत करता है लेकिन इसी के साथ उन क्षेत्रों में, जिनको परिवर्तन के लिए कुछ समय की आवश्यकता होती है वहां परिवर्तन का प्रारंभ भी करते हैं, उसके लिए वे समय गुजरने का इंतजार नहीं करते। वे काम करते हैं। वे इस रूपांतरण का प्रदर्शन भी करते हैं। – किरण बेदी

डॉ. बेदी, एलजी के रूप में पिछले तीन वर्षों के दौरान, एक साथ कई मुद्दों पर काम कर चुकी हैं। एक मुद्दा जो उन्होंने तत्काल आधार पर उठाया था, वह था मेडिकल एडमिशन का। कौन भूल जाएगा कि वह CENTAC (सेंट्रलाइज्ड एडमिशन कमेटी) के दफ्तर में कैसे घुसी, वहाँ के अधिकारियों से उन्होंने कड़क पूछताछ की थी और छात्रों की ओर से लड़ने के लिए खुद की नौकरी दांव पर लगा दी। केस को सुप्रीम कोर्ट तक ले जाने की सीबीआई जांच की मांग करने से लेकर, उन्होंने छात्रों को न्याय दिलाने के लिए पूरा संघर्ष किया। उनका सामना राजनीतिक बिरादरी के कड़े विरोध से भी हुआ, लेकिन कोई भी उन्हें उन छात्रों के लिए लड़ने से रोक नहीं पाया, जो योग्य थे, लेकिन उनके लिए सीटों की कमी थी।

भारत में मेडिकल प्रवेश एक बहुत बड़ा व्यवसाय है क्योंकि CENTAC द्वारा आवंटित सीट पाने के बजाय हमेशा 'सीट खरीदने' का विकल्प पेश किया जाता है। इस प्रथा के प्रचलन के कारण कई परिवार सीट बेचने वालों के लिए अपनी जेब ढीली करते हुए भारी परेशानी में पड़ गए हैं।

@ TheKiranBedi: #सीबीआई ने आज पुडुचेरी में मेडिकल सीटों में भ्रष्टाचार के उस ऐतिहासिक परिसर को ध्वस्त कर दिया, जिसे लोगों ने खड़ा किया था। अब और नहीं। थैंक्यू सीबीआई।

@ TheKiranBedi: पुडुचेरी में मेडिकल सीटों का घोटाला राजनीतिक और प्रशासनिक स्तर पर आपराधिक दोषी और प्रशासनिक विफलता का मामला है।
@PMOIndia

20 सितंबर, 2017

सर्वोच्च न्यायालय के ऐतिहासिक आदेश पर उनके माइक्रोब्लॉग का एक अंश

जब पुडुचेरी में हमारे राजनीतिक और विभागीय प्रशासन में कोई भी असहाय लेकिन आकांक्षी छात्रों के हितों की रक्षा करने के लिए तैयार नहीं था तब राजनिवास सचिवालय ने पिछले साल इस सन्दर्भ में हस्तक्षेप किया। यह यूनियन टेरेटरी के इतिहास का एक और सुनहरा दिन था जब राजनिवास टीम को खुद ही इन सबके बीच खड़ा होना पड़ा था। इससे पहले जरूरतमंद छात्र और उनके माता-पिता एक छोर से दूसरे छोर तक दौड़ते देखे गए थे। राजनिवास में ओपन हाउस ने उनके प्रति होने वाली बेपरवाही के सबूत पेश किए। यह तब की बात है जब टीम राजनिवास ने आमना-सामना करने के लिए कदम बढ़ाये। जिसके साथ ही उसने एक बहुत बड़े शत्रुतापूर्ण प्रतिघात का सामना किया (उस अवधि की मीडिया रिपोर्टें इस बारे में पूर्ण जानकारी देती हैं)। राजनिवास सचिवालय ने पीएमओ की जवाबदेही में भारत सरकार

तक अपनी बात पहुंचाई। इस बीच, इन प्रयासों के कारण चेन्नई की एक मिशनरी और एक नामी वकील श्री वी.बी.आर. मेनन ने भी निःस्वार्थ भाव से इसमें दखल दिया। यह सब मद्रास उच्च न्यायालय की मुख्य पीठ ने बारीकी से देखा और उस पर टिप्पणी की। एक अंतरिम न्यायिक आदेश से डीम्ड मेडिकल विश्वविद्यालयों द्वारा लिए जाने वाले शुल्क की कैपिंग हो गई और उनकी फीस तय करने के लिए एक समिति को बिठाया गया। हमारे एएसजी द्वारा न्यूनतम लागत पर केस लड़ा जा रहा था, जबकि मेडिकल माफिया का प्रतिनिधित्व महंगे वकीलों का समूह कर रहे थे। शक्तिशाली लॉबी ने अपने पैसे और बाहुबल का इस्तेमाल करते हुए हाई कोर्ट के आदेश के खिलाफ स्टे लेकर मामले को सुप्रीम कोर्ट में ले लिया। जहाँ वे असफल रहे हैं। इस प्रकार से न्याय की जीत हुई। सुप्रीम कोर्ट के आदेश से न केवल पुडुचेरी, बल्कि अन्य सभी राज्यों को न्याय मिला है, यह आदेश एक नेक्सस द्वारा किये जाने वाले ऐतिहासिक शोषण के ताबूत में एक अंतिम कील है जो पुडुचेरी में ही नहीं बल्कि देश भर में दशकों से मेधावी गरीबों का शोषण कर रहा था।

यहां तक कि जब वह केंद्र शासित प्रदेश के विभिन्न मुद्दों को देख रही थी और उनमें भाग ले रही थी, एलजी की शक्तियों का मुद्दा भी सामने आया। एलजी के रूप में उनकी शक्तियों को चुनौती देने वाले विपक्ष से वह हर मोड़ पर मिलीं।

अधिकार के लिए संघर्ष

नेतृत्व की कीमती सीख

सही तरीके से सही काम करने वाला नेता कभी भी अपनी शैली से बाहर नहीं जाता है। एक सच्चा नेता सिद्धांतों पर स्थिर रहता है और मूल सिद्धांतों पर अडिग रहता है। वह कभी भी ईमानदारी पर समझौता नहीं करता है या उस जिम्मेदारी के प्रति विश्वास का उल्लंघन नहीं करता है जो वह खुद को सौंपता है। – किरण बेदी

जब से उन्होंने पुडुचेरी के एलजी के रूप में पदभार संभाला है डॉ. बेदी की भिड़ंत वहां के मुख्यमंत्री के साथ होती ही रही। इसका कारण सिर्फ यही है कि उन्होंने महज औपचारिक प्रमुख या रबर-स्टैम्प बनने से इनकार किया है। इसके विपरीत, वह रूल-बुक की हिसाब से काम करती हैं और हमेशा सही समय पर सही काम करने में विश्वास करती हैं। मुख्यमंत्री के साथ यह खींचतान लंबे समय से चली आ रही है। उन्होंने शुरू में अपने मुख्य सचिव के माध्यम से बात की, फिर एक मंत्री के माध्यम से और अंत में खुद से बोलना शुरू किया। डॉ. बेदी को उनकी सत्यनिष्ठा, ईमानदारी और धार्मिकता के लिए जाना जाता है और जब वह जहाँ एलजी हैं तो वहां भ्रष्टाचार के लिए बिल्कुल जगह नहीं है। यह उनके और मुख्यमंत्री के बीच संघर्ष का एक बड़ा बिंदु रहा है। लेकिन उन्होंने एक के बाद एक मुद्दों को धैर्य से लिया और उनसे निपटीं।

जब मुख्य सचिव की बात आई, तो उनके पास केंद्र सरकार द्वारा प्रतिस्थापित मुख्य सचिव था और इस तरह से वे सरकार के कामकाज में कुछ सामंजस्य लाने में कामयाब रहीं।

मुख्य सचिव की भूमिका पर उनके ब्लॉग का एक अंश

मुख्य सचिव शांति और सद्भाव की धुरी है

अनुभव बताता है कि किसी भी राज्य की शांति और प्रगति में मुख्य सचिव की भूमिका सबसे महत्त्वपूर्ण है। वह एक उद्देश्य बना कर उत्साह और फोकस के आधार पर सर्वांगीण विकास कर सकता है। किसी फाइल और मीटिंग्स पर उसकी ईमानदार नोटिंग या सलाह मामले के तथ्यों, व्यापार के नियमों, वित्तीय नियमों, प्रशासनिक नियमों या नीति संबंधी मामलों के आधार पर, सरकार द्वारा सभी सही निर्णयों के लिए होनी चाहिए। वह केवल सूचनाओं को सुन कर भेजने या दूसरी और से उसका उत्तर लेने वाली इकाई नहीं है बल्कि वह परिवर्तन का एक प्रमुख चालक और अखंडता का रक्षक तथा गारंटर है। वह 'आधार' है। वह सबको एकजुट करता है और सबका संरक्षक होता है। वह लोगों द्वारा की गयी किसी भी शिकायत को सुनने वाला तो है ही साथ ही नौकरशाही का भी सबसे आखरी कार्यालय भी है। यही वह बात है जिसके लिए उसकी सराहना की जानी चाहिए। कुछ मामलों में पूरी तरह से महसूस नहीं होने का प्राथमिक कारण शायद अगली स्थिति पर अप्रैजल, परफॉरमेंस रिपोट्स और अगले पद को सम्भालने की चिंता के माध्यम से आने वाली 'असुरक्षा की भावना' है। यदि उसका प्राथमिक ध्यान पर्सनल सर्वाइवल पर होगा, तो राज्य सीमित रहने और केवल कुछ हिस्सों में प्रगति करने के लिए बंध जाता है। इसमें कलह, घोटाले और शिकायतें होंगी। इस महत्त्वपूर्ण स्थान पर समग्र विकास की कुंजी केवल एक ही सही व्यक्ति हो सकता है जो सही इरादे के साथ पूरे समर्पण और उत्साह से भरा हुआ हो।

यहां तक कि अगर मुख्य सचिव का अपने अधिकारों पर वश है, तो वह सबसे वरिष्ठ पेशेवर सलाहकार होगा। वह जवाबदेह होगा। वह नहीं कह सकता कि वह नहीं जानता था। किसी भी चीज को कैसे ठीक किया जाए, यह जानने के लिए उसके पास अपनी प्रबंधन प्रणाली होनी चाहिए। वह किसी भी चीज में हस्तक्षेप कर सकता है क्योंकि सभी विभाग उसे रिपोर्ट करते हैं।

याद रहे कि एक बार जब वह सही तरीके से रिकॉर्ड कर लेता है, तो कोई भी शक्ति खुद को जोखिम में डाले बिना केस के मेरिट पर उस पर हावी नहीं हो सकती, क्योंकि वे रिकॉर्ड जो फाइलों में कलमबद्ध होंगे वे तथ्य हमेशा उसका सबूत देंगे। इसलिए किसी भी राज्य या केंद्र शासित प्रदेश की शांति, सद्भाव और व्यवस्था की धुरी मुख्य सचिव है। बेशक, ऐसे उदाहरण हो सकते हैं जहाँ ईमानदारी पर मतभेद हो सकता है। लेकिन फिर रिकॉर्ड किए गए फैसलों के लिए प्रत्येक व्यक्ति जिम्मेदार होगा। इसलिए उन्हें न्यायोचित होना ही होगा। मुख्य सचिव की सलाह इसलिए ही बिना किसी डर या पक्षपात के पेशेवर या ईमानदार होनी चाहिए।

लेकिन जब यह बात मुख्यमंत्री के सामने आई, तो उन्होंने रूल-बुक निकाली और उन अधिकारों को सूचीबद्ध किया, जो एलजी के रूप में डॉ. बेदी के पास थीं, क्योंकि पुडुचेरी एक केंद्र शासित प्रदेश है। और फिर इसी मुद्दे पर अदालत में उनको चुनौती दी गई है और यह आज तक एक मुद्दा बना हुआ है लेकिन आज भी डॉ. बेदी रूल-बुक के अनुसार ही काम करने पर जोर देती हैं।

उपराज्यपाल के अधिकारों पर उनके ब्लॉग का एक अंश

माननीय मुख्यमंत्री को कौन बताता है कि उपराज्यपाल की जिम्मेदारियां क्या हैं?

तो माननीय मुख्यमंत्री (वी नारायणसामी) क्या चाहते हैं? एक रबर-स्टैम्प या एक जिम्मेदार प्रशासक? यही असली सवाल है। खबरों के मुताबिक मुख्यमंत्री एक प्रचारक की इच्छा रखते हैं। जो गलत होने दे सकता है, यहां तक कि जब लोग अन्याय सह रहे हैं तब भी। वह एक ऐसा उपराज्यपाल चाहते हैं जो उनसे किसी बात का स्पष्टीकरण ना मांगे और फाइलों को क्लियर करता रहे। जो निहित स्वार्थों की माँग के अनुसार लोगों को नियुक्त करता हो। यदि बजट न हो तो भी वह पैसा जारी करता हो। इसके लिए चाहे उसे उधार करना पड़े। वह उन अधिकारियों को बढ़ावा देने वाला हो जो पद पर न हों या जिनका खराब प्रदर्शन हो या बिना किसी कारण के भी उनको बढ़ावा देने वाला हो। उनको ऐसा उपराज्यपाल चाहिए जिसे कुछ नहीं करना चाहिए, कुछ नहीं देखना और कुछ नहीं कहना चाहिए। बस वह एक दर्शक बना रहे। अपना समय निकाले और राजनिवास नामक एक महंगे स्थान के लाभों का आनंद ले। सबसे अलग-थलग रहे। न लोगों से मिले। न अफसरों से कोई सवाल करें। न किसी काम में हस्तक्षेप करे। और जैसे वह कहे, वैसा ही करे बल्कि लिखित में भी करे। (मुझे उनसे इस तरह के कई पत्र मिले हैं)। सबसे बढ़कर बात यह थी कि मुख्यमंत्री चाहते हैं कि मुझे भारत सरकार से बहुत सारे पैसे मिलें, जब कि उनके पास जो है उसे भी वे अच्छी तरह से खर्च नहीं कर पा रहे हैं।

यहां तक कि जब राजस्व पैदा करने वाला पर्यटन घाटे में चल रहा है। इसे इच्छाधारी सोच कहा जाता है। वास्तव में, वह यह

सोच कर सशक्त और उत्साहित महसूस कर सकते हैं कि उसके पुडुचेरी में गंदगी को साफ करने में मदद करने के लिए यहां कोई है। वह अब मेरे द्वारा गोद लिए जाने के बाद केवल मेरा है, लेकिन उनका तो यह जन्म से है। इसलिए एक सवाल यह है कि सीएम क्या चाहते हैं। यही असली मुद्दा है। एक सीएम क्या चाहता है और एक एलजी क्या चाहता है? दोनों की केंद्रशासित अधिनियम और व्यावसायिक नियमों में जिम्मेदारियां हैं। यह आज स्थिति की वास्तविकताओं का सामना नहीं करना चाहता। लोग न्याय के लिए रो रहे हैं। ऐसे में राजनिवास उनकी आखिरी उम्मीद बन रहा है। ओपन हाउस के अनुसार, पुडुचेरी को न्याय, अखंडता और सुशासन की आवश्यकता है। वे इसे कैसे प्राप्त करेंगे? कौन उन्हें देगा? उनके लिए कौन बोलेगा? वह जो केवल एक दर्शक नहीं है, बल्कि जिसका दिल उनके लिए है। वह जो निःस्वार्थ भाव से उनकी सेवा करता है। वह जो पदों से पहले लोगों को रखता है।

पानी जीवन के लिए बुनियादी आवश्यकता है और एक नेता लोगों के लिए पर्याप्त पानी उपलब्ध हो यह सुनिश्चित करने की दिशा में काम करने का काम सबसे अच्छा कर सकता। इस विचार के साथ डॉ. बेदी ने पुडुचेरी को 'जल संपन्न' बनाने की चुनौती का सामना किया।

जल परिपूर्ण पुडुचेरी

नेतृत्व की कीमती सीख

मैं अकेले दुनिया को नहीं बदल सकती, लेकिन मैं लहरों की तरंगे उठाने के लिए पानी में एक पत्थर फेंक सकती हूं। – मदर टेरेसा
जिस क्षण नेतृत्व यह जान जाता है कि परिवर्तन आवश्यक है और यथास्थिति उद्देश्य की सेवा नहीं है उसी क्षण वह गति में परिवर्तन को निर्धारित करने के लिए तरंग उठाता है। ऐसा करके वह तब एक जोखिम लेता है और तरंगों के उठने का कारण बनने लगता है। वह समय नहीं गंवाता है, इसलिए जल्द से जल्द मिलने वाले अवसर को वह पकड़ लेता है और मंथन करने के लिए पहला पत्थर डाल सकता है। – किरण बेदी

अपने शुरुआती सप्ताहांत पर मंदिर के तालाबों के दौरे के दौरान, डॉ. बेदी ने कहा, "अगर पानी के लिए कोई विरासत है तो मैं पुडुचेरी को पीछे छोड़ दूँगी।" जब वह झीलों, तालाबों और गाँवों में गई, तो उनको लगा कि पुडुचेरी पानी के लिए प्यासा है। उन्होंने उसी दौरान पानी की नहर को देखने का कार्यक्रम बनाया, जहाँ उनकी आँखें कठोर वास्तविकता को देख कर खुल गयीं कि ये चैनल मोटी वनस्पति से भरे हुए थे और मानसून से पहले उनको साफ करने की जरूरत थी। लेकिन पीडब्ल्यूडी के पास पर्याप्त बजट नहीं था। इसलिए डॉ. बेदी ने उसी तरह कम्युनिटी से मदद ली, जिस तरह से उन्होंने तिहाड़ जेल को सुधारने के लिए कम्युनिटी मदद का इस्तेमाल किया था। सीएसआर (कॉर्पोरेट सोशल रिस्पॉन्सिबिलिटी) से उनको मदद मिली और उसकी

मदद से शहर और गावों में कई चैनलों को साफ किया गया। ऐसा करने से मॉनसून के दौरान न तो शहर में बाढ़ आई और न ही गांवों में बाढ़ आई। इसके बदले, वे वर्षा के जल को कृषि के लिए उपयोग करने में कामयाब रहे। उन्होंने वास्तव में कम्युनिटी भागीदारी के ऐतिहासिक मॉडल को वापस लाया और पुडुचेरी को पानी से समृद्ध होने के रास्ते पर डाल दिया, जो निश्चित रूप से एक तरंग उठाएगा और भविष्य के नेताओं और कम्युनिटी को उस विरासत को आगे बढ़ाने के लिए प्रोत्साहित करेगा जिसे उन्होंने सर्वोत्तम माना है।

@ TheKiranBedi: पुडुचेरी को जल समृद्ध बनाने के लिए हम टैंक, नहरों और तालाबों के लिए एक सहयोगी मॉडल की मांग कर रहे हैं। यह विभाग की चिंता है कि जेसीपी मशीनरी प्रदान करने वाले ठेकेदार के साथ दाता को कैसे जोड़ेंगे। जहाँ दाता-प्रदाता को सीधे भुगतान करे। यह सभी के लिए एक विन मॉडल है। इस पेशकश के लिए 1031 पर कॉल करें।

24 सितंबर, 2018

पानी से भरपूर पुडुचेरी पर उनके ब्लॉग के कुछ अंश

हर सार्वजनिक अधिकारी का यह कर्तव्य है कि वह जहां बेहतर करना चाहता है, उसके लिए चीजों को बदले। यही प्रशासनिक जिम्मेदारियां दिए जाने का कारण है। यदि वह समाधान प्रदान नहीं करता है तो वह एक अधिकारी के रूप में विफल रहता है। उदाहरण के लिए, जब हमारे पास हमारे पानी के चैनलों की 86 कि.मी. की सफाई के लिए सरकार के बजट में कोई धन नहीं था और मानसून बिलकुल आसपास था और हमारी झीलें और

टैंक खाली थे और वाटर टेबल की सुई नीचे गिर चुकी थी, तब जिम्मेदार सार्वजनिक अधिकारियों को क्या करना चाहिए? या तो वे उनको जैसे हैं वैसे ही छोड़ दें या फिर समाधान या विकल्प खोजें। हमने समाधान खोजे। हमने सोशल मीडिया पर अपील की और लोगों ने बहुतायत में जवाब दिया। क्योंकि वे भी पानी से भरपूर पुडुचेरी देखना चाहते हैं। सार्वजनिक अधिकारियों के रूप में हमें हर दिन चुनाव करना चाहिए। इस तरह शत्रुता के बावजूद, परिवर्तन लाया जा सकता है। एक लोक सेवक के लिए यह परिवर्तन स्वयं के लिए नहीं बल्कि जनमानस की भलाई के लिए है। जिसे आज हासिल किया जा रहा है। हमारे संयुक्त प्रयासों, सामुदायिक समर्थन और अच्छे मानसून के कारण, पुडुचेरी में आने वाले वर्षों के लिए कृषि, उद्योग, स्वच्छता और घरेलू उपयोग के लिए पर्याप्त पानी होगा। यहां तक कि सफेद झूठ बोलने वालों को भी फायदा होगा। लेकिन हमारा उद्देश्य पूरा हो गया है।

लेकिन जब विपक्ष को यह पता लगा, तो उनके कार्यालय को धन के दुरुपयोग के लिए दोषी ठहराया गया, लेकिन उन्होंने यह स्पष्ट कर दिया कि राजनिवास ने केवल एक सूत्रधार के रूप में काम किया था और दाता सीधे ठेकेदार को भुगतान कर रहा था। इस प्रकार उनके लगातार प्रयासों से, पुडुचेरी के जल संसाधन साफ पानी से लबालब भरे हुए हैं।

@TheKiranBedi: "अज्ञानता हमेशा परिवर्तन से डरती है" - जवाहर लाल नेहरू

14 अक्टूबर, 2018

दोस्तों, इस वर्ष उत्तर पूर्व मानसून के अंत तक प्रमुख झीलें, 84 टैंक और 600 तालाब पानी से लबालब भर चुके हैं, जबकि मोटी वनस्पति के जाल से पटी हुई और उसके कारण दम तोड़ती हुई गंभीर रूप से पहुंची उम्रदराज 83 किलोमीटर लम्बी जल नहर को साफ करने के लिए मुख्यमंत्री द्वारा धन प्रदान करने की अपर्याप्तता के बावजूद, आज माननीय मुख्यमंत्री के प्रकाशित वक्तव्यों से, पता चल रहा है कि वह अपनी खुद की पुडुचेरी को जल समृद्ध बनते हुए देखकर बहुत खुश हैं। लेकिन फिर भी माननीय मुख्यमंत्री मशीनरी के रूप में सामग्री देकर मदद करने वाले और ठेकेदारों को सीधे भुगतान करने वाले प्रायोजकों के प्रति आभारी होने के बजाय, उन छेदों को चुनने की कोशिश कर रहे हैं, जो मौजूद नहीं हैं।

पुडुचेरी को जल समृद्ध बनाने के बाद उनके हाव-भाव अत्यंत विनम्रता से भरे हैं। उन्होंने चाहे पानी के चैनलों को साफ करवाने का काम किया या त्योहारों के दौरान मुफ्त उपहारों के मुद्दों से सामना किया हो, उनके वित्तीय अधिकारों पर हमेशा सवाल उठाए गए लेकिन वह वित्तीय मामलों पर समझदारी सुनिश्चित करने में हमेशा दृढ़ रहीं।

वित्तीय विवेक सुनिश्चित करना

नेतृत्व की कीमती सीख

एक विश्वसनीय लीडर सामाजिक संपत्ति है। एक गैर-भरोसेमंद लीडर समाज पर बोझ है। लोगों के लिए एक भरोसेमंद लीडर प्रदान करना होगा। क्योंकि एक गैर-भरोसेमंद लीडर खुद को सबसे पहले लोगों को दिवालिया होने और उसके बाद आश्रित बनाने के लिए कार्य करता है। - किरण बेदी

एलजी के रूप में डॉ. बेदी द्वारा सामना की जाने वाली सबसे बड़ी चुनौतियों में से एक वित्तीय मामलों पर समझदारी सुनिश्चित करना है। डॉ. बेदी कहती हैं, "जब मैंने इस पद को लेने की सहमति दी तो माननीय प्रधानमंत्री ने मुझे बताया कि वित्तीय स्थिति को अपने कार्यकाल में अच्छी तरह से संभालना है और मैंने उनसे वादा किया था कि मैं ऐसा करूंगी।" वास्तव में वह अपने तीन साल के कार्यकाल में इस बात पर खरी उतरी हैं। अगर बजट उपलब्ध करवाया गया था, तो ऐसी कोई भी फाइल नहीं थी जो राजनिवास से भेजी गई थी, उसकी बिना जाँच किए हस्ताक्षर करे गए हों और उन्होंने पोंगल के दौरान सभी के लिए मुफ्त जैसी माँगों को स्वीकार नहीं किया था। इससे उनके और मुख्यमंत्री के बीच बहुत बड़ा विवाद हुआ था। पुडुचेरी भारी कर्ज में रहा है और वह वित्तीय मामलों पर समझदारी सुनिश्चित करने के लिए अथक प्रयास कर रही हैं ताकि उधार कम किया जा सके। अनुदान सहायता एक और क्षेत्र है जहां उनको अपार चुनौतियों का सामना करना पड़ा है, लेकिन

उन्होंने नियमों का हवाला देते हुए और वित्तीय विवेक सुनिश्चित करने की आवश्यकता को देखते हुए उसके सामने घुटने टेकने से इनकार कर दिया। उन्होंने लोगों के लिए न केवल वर्तमान के लिए बल्कि उनके भविष्य के लिए भी एक भरोसेमंद नेता के रूप में काम किया है।

> @TheKiranBedi: सही मायने में सशर्त और अनुकूल प्रदर्शन करने से ही अनुदान की सहायता प्राप्त हो सकती है। यह सीमित धनराशि के साथ-साथ बैक डोर से होने वाली अनियमित भर्तियों को रोक देगा। साथ ही आपको वित्तीय जवाबदेह भी बनाएगा। विभाग प्रमुख अनुदान जारी करने से पहले अनुपालन को प्रमाणित करेंगे। #समृद्ध पुडुचेरी
>
> 25 सितंबर, 2018

ब्लॉग

आज की खबर (आज का अंग्रेजी संस्करण पढ़ें, अन्य लोगों को भी पढ़वायें) में प्रशासक के कार्यालय द्वारा वित्तीय प्रतिबंधों और नीतिगत स्वीकृतियों पर माननीय मुख्यमंत्री ने शेखी बघारी है।

जबकि यह तथ्य है अनुदान-सहायता और नीतिगत अनुमोदन सामान्य वित्तीय नियमों और व्यावसायिक नियमों के अलावा अन्य कानूनी प्रावधानों से संचालित होते हैं।

और इनका पालन मुख्य सचिव के साथ-साथ उनके सचिवों की जिम्मेदारी है। व्यापार नियमों के नियम 59 देखें। (अध्याय VI) यह इस प्रकार है।

"मुख्य सचिव और विभाग के सचिव के अलावा इन नियमों के सावधानीपूर्वक पालन के लिए कई लोग जिम्मेदार हैं...

इसलिए हर बार माननीय मुख्यमंत्री और सचिवालय प्रशासक के कार्यालय में एक फाइल को मंजूरी और अनुमोदन के लिए भेजते हैं, वह और वे ऐसा इसलिए करते हैं क्योंकि नियम इसे भेजने की मांग करते हैं।

तो इस प्रकार एलजी सचिवालय में एक फाइल प्राप्त होने के बाद यह प्रशासक द्वारा स्वतंत्र परीक्षा की मांग करता है। स्पष्ट है कि यही अर्थ है अनुमोदन या मंजूरी देने का।

लंबे समय से प्रचलित समस्या माननीय मुख्यमंत्री की निश्चित धारणा में निहित है कि उपराज्यपाल उसके द्वारा प्रस्तावित किए गए प्रस्ताव का समर्थन करने के लिए मात्र एक रबड़ की मुहर है। यदि ऐसा ही है तो वे फाइल उसके पास भेजते ही क्यों हैं?

इसके लिए तो वे अपने स्वयं के कार्यालय में एक रबर स्टैम्प रखें और बस खुद इसे स्टैम्प करें। एक तरफ माननीय मुख्यमंत्री फाइल भेजते हैं और दूसरी तरफ वह बेईमानी से रोता है और शिकायत करता है जब निर्णय उसकी इच्छा के अनुसार नहीं होता है।

क्योंकि वह पूर्व-अपेक्षित निर्णय के साथ फाइलें नहीं भेज सकता है। संभवतः, माननीय मुख्यमंत्री को केवल एंडोर्समेंट की उम्मीद है, स्वतंत्र मन से किये गए एप्लीकेशन की नहीं, और वह उस निर्णय को थोपना चाहते हैं जो उनको सूट करता है। भले ही इस कारण से वित्तीय या प्रशासनिक नियमों का उल्लंघन हो।

तो फिर पुडुचेरी के उपराज्यपाल को प्रशासक भी क्यों कहा जाए?

मुझे माननीय मुख्यमंत्री के लिए खेद है क्योंकि वह कुछ ऐसी उम्मीद कर रहे हैं जो कानूनी रूप से और नैतिक रूप से सही नहीं है और यह पुडुचेरी के लघु और दीर्घकालिक हित में भी नहीं है। बेदी वह लीडर हैं जो अपने समय के हर मिनट का और टीम वर्क के अधिकारों का मान रखती हैं। इसलिए वह बेहतर परिणाम प्राप्त करने के लिए टीम के रूप में हर मिनट का सर्वश्रेष्ठ उपयोग करने के लिए अपनी टीम का मार्गदर्शन करती हैं।

समय और टीम के काम को मूल्य देना

नेतृत्व की कीमती सीख

लीडर्स अपने और दूसरों के समय का महत्त्व जानते हैं। वे योजना बनाते हैं और क्रियान्वित करते हैं। वे जो योजना बनाते हैं या भाग लेते हैं उसके लिए उनके पास हर गतिविधि के लिए एक कारण होता है। वे प्रेरणा का स्रोत होते हैं। वे कोई विषाक्त मित्रता नहीं रखते हैं। वे समय की कमी होने के बावजूद उसी समय के भीतर उन गतिविधियों से ऊर्जा उत्पन्न करते हैं जिन्हें वे करते हैं। – किरण बेदी

डॉ. बेदी एक ऐसी व्यक्ति रही हैं जिन्होंने हमेशा समय को महत्त्व दिया है और अपने समय के हर मिनट का सबसे अच्छा उपयोग किया है। राजनिवास में उनका दिन आम तौर पर सुबह 10 बजे से शुरू होता है। पहला काम जो उन्होंने किया, वह था सुबह 10 बजे की टीम या टीम राजनिवास का गठन करना, जो काम की योजना बनाने, अखबार की क्लिप निकालने, शिकायतों की समीक्षा और बहुत कुछ करने के लिए हर रोज बैठक करेंगी। इससे राजनिवास की सोशल मीडिया टीम भी विकसित हुई और आज तक डॉ. किरण बेदी अपने व्हाट्सएप ग्रुपों के माध्यम से कम्युनिकेशन करने में बहुत सक्रिय हैं और उनके सभी सोशल मीडिया हैंडल राजनिवास में होने वाली सभी गतिविधियों से अपडेट रहते हैं। उनके द्वारा किये जा रहे सोशल मीडिया के उपयोग के लिए जनवरी, 2017 की शुरुआत में कठोर विरोध किया गया जब माननीय मुख्यमंत्री ने 'समृद्ध पुडुचेरी' समूह पर प्रतिबंध लगाने की

कोशिश की। लेकिन सोशल नेटवर्किंग की शक्ति का उपयोग करने से मैम को वह नहीं रोक सके, जो कि शायद उसकी सबसे बड़ी ताकत है, क्योंकि वह एक शानदार कम्यूनिकेटर हैं और दैनिक आधार पर वह जिन ब्लॉगों को लिखती हैं वह इस बात की गवाही देते हैं।

@ TheKiranBedi: समृद्ध पुडुचेरी व्हाट्सएप समूह के प्रमुख अधिकारी नेटवर्किंग कर रहे थे, जिसमें वे अपनी उपलब्धियों को साझा कर रहे थे और सार्वजनिक शिकायतों का निवारण कर रहे थे। इसे क्यों प्रतिबंधित किया गया?

5 जनवरी, 2017

@ TheKiranBedi: जब कोई लीडर चीजों को चाहता है तो वह साझा जानकारी को बढ़ावा देगा। जब वह नियंत्रण और निर्भरता चाहता है तो वह सुनिश्चित करेगा कि उन्हें विभाजित/वंचित रखा जाए।

5 जनवरी, 2017

NDTV के लिए सोशल मीडिया ब्लॉग

पुडुचेरी के लेफ्टिनेंट गवर्नर के रूप में जिम्मेदारी संभालने के बाद मेरे द्वारा पहले किए जाने वाले कामों में से एक काम है- विभागों को संरेखित करना, मैंने लोगों की सेवा करने वाले सभी विभागों को कैसे संरेखित किया, जबकि सरकार पूरी तरह से विभागों में बंटी है। भले ही प्रत्येक विभाग का एक कोर पोर्टफोलियो हो, लेकिन इसका प्रदर्शन दूसरों के साथ परस्पर-संबद्धित होता है, और यह दूसरों पर निर्भर भी होता है।

अतीत में, डाक सेवाओं के माध्यम से जानकारी साझा की जाती थी। जानकारी के लिए एक-दूसरे को कॉपी एंडोर्स की जाती थीं। जो हार्ड कॉपीस के रूप में होती थीं। उनके खो जाने की पूरी सम्भावना थी। इसलिए कोई पूरे यकीन से नहीं कहता था कि वह संदेश कब पढ़ा गया था। बाद में यह ई-मेल द्वारा या वन टू वन के आधार पर या समूह मेल पर भेजा जाने लगा। जिससे क्या है/क्या नहीं है उसकी पूरी गति और गारंटी से प्रतिक्रिया मिलने लगी। याद रखें कि सुशासन के समक्ष तात्कालिकता और गति की संवेदनशीलता ही सबसे बड़ी चुनौती है।

पिछले दशक में ब्लैकबेरी और उसके बाद में अन्य स्मार्टफोन के साथ चीजें काफी बदल गईं। लेकिन क्या सरकारी अधिकारी इसके प्रमुख उपयोगकर्ता थे? क्या सरकारी विभाग इस नई कनेक्टिविटी और स्मार्टफोन के प्रमुख उपभोक्ता थे? सामान्य रवैया यह था कि अधिक काम क्यों बढ़ाया जाए? क्यों खुद को 24X7 ब्लॉक करके रखें? मुझे याद है कि जब मैंने एक दशक पहले संयुक्त राष्ट्र में अपनी असाइनमेंट रिपोर्ट की थी, तब मुझे पहला हैंड-इंस्ट्रूमेंट मिला था, जिसमें मोबाइल फोन के साथ ब्लैकबेरी भी थी। तब दोनों अलग थे। तब 3जी भी नहीं था। उसके बाद सब कुछ तेजी से आगे बढ़ गया। इन सब में सबसे तेज चलने वाला व्हाट्सएप एप्लिकेशन रहा है। इसका मैंने अधिकतम उपयोग करने का फैसला किया है।

हमारा पहला प्रयास एक मंच पर सभी प्रमुख विभागों को एक साथ लाने के लिए था ताकि वास्तविक समय के आधार पर एक-दूसरे के साथ संवाद शुरू किया जा सके और बातचीत जारी रखी जा सके। एक दूसरे से चैट करें, और फॉर्मल डिनर्स के बिना भी दोस्त बनें रहें।

एक बार जब हम सचिवों और प्रमुखों को साथ लाए, तो उन्होंने ग्रुप्स पर अपनी ईकाइयाँ एक साथ डालीं। इससे एक बड़े सर्किल ने इनर सर्कल्स को जन्म दिया और बाद में संबंधित ग्रुप्स के इंट्रा-सर्कल्स को जन्म दिया। इस तरह हम पहियों के भीतर पहिए बनने लगे, कहीं ओवरलैपिंग होकर जुड़े रहे।

इसने हमारी जानकारी को साझा करने में नाटकीय रूप से सुधार किया। बैठक के नोटिस, मीटिंग के मिनट, समाचार क्लिप, तस्वीरें, यहां तक कि लघु वीडियो, यात्रा और टूर नोट्स, और बहुत कुछ साझा किए गए। अब साझा उपलब्धियों के लिए एक जगह और भी बन गई थी जो अब तक गायब थी। लगभग सभी विचारणीय थे, यह सुनिश्चित करने के लिए कि व्हाट्सएप वार्तालाप बीच में खो ना जाए, हमने इन समूहों की सामग्री को ई-मेल द्वारा सभी को भेज दिया। जिसे फिर वे केस-दर-केस के आधार पर औपचारिक फाइल प्रक्रियाओं के लिए इसका उपयोग कर सकते थे। इस प्रक्रिया ने हफ्तों के भीतर शासन को संरेखित किया है। लेकिन सबसे बड़ी सफलता शिकायत निवारण के लिए गठित समूहों को मिली है।

ट्विटर या फेसबुक पर आने वाला एक मैसेज या एक टेक्स्ट मैसेज या सोशल नेटवर्क के किसी अन्य स्रोत से ली गई व्हाट्सएप पर साझा किए गए अंश को कुछ ही समय में प्रतिक्रिया मिल रही थी। डॉ. बेदी को सभी मोर्चों पर लगातार राजनीतिक विरोध का सामना करना पड़ा जब माननीय मुख्यमंत्री ने राजनिवास के सामने धरना दे दिया, जो 6 दिनों तक चला।

कानून के नियम का पालन करना: लोकतंत्र की हत्या होना

नामांकित विधायकों का मुद्दा

नेतृत्व की सीख

लोग हमेशा काम में व्यस्त नेतृत्व को देखना चाहते हैं। नेतृत्व को उन परिस्थितियों में मजबूती से खड़ा होना चाहिए, जहाँ उसे इसकी आवश्यकता है। उसका पूरे साल और चौबीस घंटे उच्च ऊर्जा के साथ ध्यान केंद्रित होना चाहिए। – डॉ. किरण बेदी

जुलाई, 2017 में जब डॉ. किरण बेदी ने केंद्र सरकार द्वारा नामित तीन विधायकों को शपथ दिलाई, तो उन्हें यह नहीं पता था कि यह मामला उनके और पुडुचेरी में निर्वाचित सरकार के बीच संघर्ष का मुद्दा बन जाएगा। सरकार ने इसे लोकतंत्र की हत्या करार दिया, वे भूख हड़ताल पर बैठ गए, पुडुचेरी में एक दिन का बंद रखा गया था और यह मामला सर्वोच्च न्यायालय में भी चला गया। विधायकों को अपमानित किया गया, विधानसभा में प्रवेश करने की अनुमति नहीं दी गई, वेतन नहीं दिया गया लेकिन वे अपने रुख पर अड़े रहे क्योंकि उनके पास डॉ. बेदी का समर्थन था। उन्होंने यह स्पष्ट कर दिया था कि उन्होंने रूल-बुक के हिसाब से काम किया था। और रूल-बुक के अनुसार, वह उपराज्यपाल के रूप में इन विधायकों को शपथ दिलाने का अधिकार रखती थीं। दिसंबर, 2018 में सुप्रीम कोर्ट ने विधायकों और इस तथ्य के पक्ष में फैसला सुनाया कि उन्होंने उन्हें शपथ दिलाकर सही काम किया था।

@TheKiranBedi: कानून को लागू करना कब से 'लोकतंत्र की हत्या' है? देखिये इस कानून को जिसमें केंद्रीय सरकार के पास नामांकन करने की शक्ति है और एलजी के पास शपथ देने की शक्ति है...!

6 जुलाई, 2017

नामित MLA'S पर उनके ब्लॉग से अंश

जानकर कानून पर संदेह करना

कानून को जानने से संदेह दूर होता है। भारत सरकार द्वारा नियुक्त तीनों विधायकों ने एलजी कार्यालय को लिखित रूप में कहा कि शपथ के अनुरोध के साथ कागजात प्रस्तुत करने वाले ये अधिकारी पूरी तरह से अनजान और उदासीन थे। इसलिए, उन्हें नहीं पता कि उन्हें यदि बुलाया जायेगा तो कब और किस समय बुलाया जाएगा।

उनके अनुरोध तथा स्थिति और जानकारी के समग्र मूल्यांकन के आधार पर भी शपथ को प्रशासित करने और लंबित मामलों को नहीं छोड़ने के लिए एक विचारशील निर्णय लिया गया था, नहीं तो यह कानून-व्यवस्था के लिए लागू करने और सार्वजनिक गड़बड़ी का कारण बन सकता है।

ऐतिहासिक धरना

नेतृत्व की कीमती सीख

यह एक ऐसी स्थिति है जब एक प्रतिक्रिया को दुहराने की मांग की जाती है। नेताओं के नेता उच्च उड़ान भरने का संकल्प लेने के लिए उनको उकसाते हैं या उन्हें रौंद देते हैं, यहां तक कि उन्हें टेकन फॉर ग्रांटेड मान लिया जाता है। - डॉ. किरण बेदी

13 फरवरी, 2019 को, जब वह राजनिवास के अंदर काम कर रही थीं, तब भी डॉ. बेदी को अप्रत्याशित तरीके से घेरा गया था, जब माननीय मुख्यमंत्री अपने मंत्रिमंडल के साथ धरने पर बैठ गए। राजनिवास की घेराबंदी कर दी गई और वह जरूरी व्यक्तिगत कार्यों के लिए भी बाहर नहीं निकल सकीं। माननीय मुख्यमंत्री ने 36-बिंदु वाले पत्र का जवाब देने की मांग की जिसे उन्होंने पहले एलजी को भेजा था और जब तक उसकी मांगों को स्वीकार नहीं किया जाता तब तक वहां से हिलने से मना कर दिया। अगले छह दिनों में एलजी के आवास के बाहर हाई इंटेंसिटी ड्रामा देखा गया और देश भर के नेता धरने का समर्थन करने के लिए आए, जिससे जनता और राजनिवास के कर्मचारियों को बहुत असुविधा हुई। एक बिंदु पर यह भी तय किया गया कि गाँधी थिअल्ड पर एक खुली चर्चा की जाए ताकि जनता दोनों दृष्टिकोणों को सुन सके और तय कर सके कि कौन सही है। डॉ. बेदी के कई अनुरोधों के बावजूद यह धरना छह दिनों तक चला और अंत में राजनिवास में एक घंटे तक चली बैठक के बाद पत्र के सभी बिंदुओं पर चर्चा की गई।

@ TheKiranBedi: आज राजनिवास पूरी तरह से मुख्यमंत्री और उनके आंदोलनकारियों से घिरा हुआ था। हम में से कोई भी बाहर नहीं जा सकता था या आगंतुक अंदर नहीं आ सकते थे। कर्मचारियों को भी कार्यालय से वापिस लौटने से रोक दिया गया था। कानून निर्माताओं ने यह कानून तोड़ कर गैर-कानूनी स्थिति बना दी है। कल का भी यकीन नहीं है।

13 फरवरी, 2019

@ TheKiranBedi: राजनिवास के बाहर माननीय मुख्यमंत्री द्वारा धरना खत्म हो गया है। माननीय मुख्यमंत्री, मंत्रिपरिषद, प्रमुख सचिव और सचिवों से मुलाकात की। इससे मुद्दों को स्पष्ट और समेकित करने में मदद मिली। खुशी से भरी पुडुचेरी सरकार कल सुबह काम पर लौट आएगी। तो क्या राजनिवास आने वाले पर्यटकों के लिए राजनिवास का रास्ता खुला रहेगा?

18 फरवरी, 2019

ऐतिहासिक धरने पर उनके ब्लॉग के कुछ अंश

माई ब्लॉग ऑफ द डे

मैं माननीय मुख्यमंत्री की स्वीकृति का स्वागत करती हूं, जो उन्होंने गांधी थिअल्ड (माननीय मुख्यमंत्री द्वारा सुझाए गए स्थान) में स्थित टाउन हॉल में एक खुली चर्चा में 7 फरवरी को भेजे उनके पत्र में उठाए गए सभी बिंदुओं पर मेरे द्वारा दिए गए सुझावों पर

दी थी। इससे आम जनता दोनों पक्षों के विचारों को सुन सकेगी। यह सत्र टाउन हॉल प्रणाली के पारदर्शी प्रणाली का अग्रदूत हो सकता है जो जमीन से जुड़े लोकतंत्र प्रदान करता है और एक फोरम भी उपलब्ध करता है जिसमें सभी विभागों के प्रशासन की स्थिति लाभार्थियों और सामान्य जनता द्वारा आवधिक रूप से जानी जाती है। वित्त के मामलों में वित्त सचिव द्वारा टाउन हॉल में लोगों को बजट के बारे में सूचित किया जा सकता है, कि सरकारी धन की वास्तविक वित्तीय स्थिति क्या है और उसे जहां उपयोग किया जाता है, उसमें क्या कमी थी और इसके बारे में क्या और क्यों किया जा सकता है? टाउन हॉल में संबंधित मंत्रियों के साथ विभाग वित्तीय स्थिति और विभाग की नीति के मुद्दे प्रदान करेगा। एलजी कार्यालय प्रत्येक सप्ताह फाइलों का निपटान पहले ही जारी कर देता है। ये अब वास्तविक समय के आधार पर प्रदान किए जा सकते हैं। यह शिकायत निवारण, फीडबैक के साथ-साथ आगे और पीछे के आरोपों की भी जांच करेगा। अभी यह एक तरफा जानकारी है। जमीन से जुड़े लोकतंत्र को बढ़ावा देने के लिए गांधी थिअल्ड से बेहतर जगह कौन सी है जो प्रमाणित जानकारी रखने वाले लोगों को सशक्त बनाती है। अगर यह काम करता है तो पुडुचेरी इसे जमीन से जुड़े शासन के लिए राष्ट्रीय मॉडल के रूप में पेश कर सकता है।

आज भी वह दिन में 18 से 19 घंटे काम करती हैं और उनकी यह कड़ी मेहनत ही है जिसने उनको अपने करियर में अग्रणीय बनाया है। सार्वजनिक अधिकारियों के लिए उनकी कड़ी मेहनत की परिभाषा वास्तव में प्रेरणास्पद है।

कड़ी मेहनत पर डॉ. किरण बेदी का दृष्टिकोण

यह सब उसे एक लीडर की तरह नहीं बल्कि हर उस युवा लड़की के लिए एक लीडर बनाता है, जिसके लिए वह एक रोल-मॉडल और प्रेरणा चमत्कार है - कि किरण बेदी बनने के लिए वह क्या करती है?

एक सच्ची दूरदर्शी नेता

नेतृत्व की कीमती सीख

लीडर्स समाचार के भूखे हैं। वे सभी स्रोतों से समाचार, संपादकीय की तलाश करते हैं। लीडर्स समाचार सुनने का समय निकालते हैं और इसलिए अधिकांश समय मल्टीटास्क करते हैं जैसे कि समाचार सुनते समय जिम वर्कआउट करते हैं। वे अप-टू-डेट रहते हैं।
– डॉ. किरण बेदी

जैसा कि मैंने एलजी के रूप में डॉ. बेदी के तीन साल के कार्यकाल को दर्शाया है, वह एक ऐसी नेता हैं, जो एक सुपर-सिपाही होने से लेकर अब तक की संवैधानिक पद संभालने वाली सामाजिक कार्यकर्ता होने तक की यात्रा पर निकली हैं, मुझे एहसास हुआ कि वे समाज के लिए जो कुछ भी काम कर रही हैं वह उनकी अपनी इच्छा है। और सक्रिय रहने के लिए, उनकी सुबह की दिनचर्या अनुकरण करने लायक है। जैसा कि मैंने स्टेपर पर उनका वर्क-आउट देखा, पेपर पढ़ते समय, ट्वीट करते समय, सुबह चाय के प्याले के साथ उनको देखा है, वे सभी समय एक जैसी ऊर्जावान दिखती हैं। ऐसे ही किसी दिन जब वह अपनी टीम को विचार-विमर्श के लिए बुलाती हैं तो उनके साथ सुबह के घंटे दिन के सबसे रचनात्मक घंटे बन जाते हैं। वह पूरे दिन खुद को ऊर्जावान रखती हैं। आप दिन के किसी भी समय उनके कार्यालय में जाकर उनको देख सकते हैं और उनको विचारों के साथ बिलकुल ताजातरीन देख सकते हैं, वे अधिक से अधिक काम करने के लिए तैयार रहती हैं और समाज में परिवर्तन लाने के अपने उद्देश्य

को पूरा कर सकती हैं जिसको पूरा करने के लिए वह यहां हैं, लेकिन वह क्या है जो वे हैं वह व्यक्ति बनाता है, वह क्या है जो उनको वह किरण बेदी बनाता है- जो दया और सहानुभूति का प्रतीक होने के साथ एक सच्ची दूरदर्शी नेता हैं?

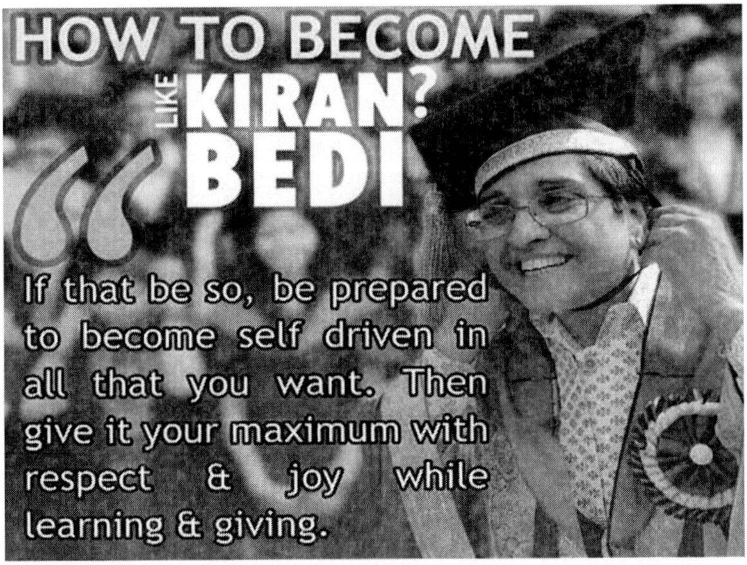

भाग – ब

प्रेरणात्मक सम्बन्ध जोड़ना

जैसे ही मैंने इस पुस्तक के पहले भाग पर काम करना शुरू किया, उससे मिली जानकारी ने मुझे डॉ. किरण बेदी के एलजी के रूप में काम करने के तरीके के बारे में गहराई से जानने के लिए प्रेरित किया, मैंने उनके द्वारा अपनाए और प्रोत्साहित किये गए बेहतर तरीकों के बारे में और अधिक जाना और साथ-ही-साथ यह भी जाना कि कैसे वह न सिर्फ राजनिवास में स्थित उनके कार्यालय में मदद करती हैं बल्कि उन्होंने रैंक और पदानुक्रम के अधिकारियों को अपने कार्यालयों के कामकाज में सुधार करने में मदद की।

यहाँ वह एक ऐसी लीडर हैं जो टीम वर्क में, पारदर्शिता में, सहयोग में, संचार में और सबसे बढ़कर, पदानुक्रम में सभी के लिए सुलभ होने में विश्वास करती हैं। डॉ. बेदी का कहना है कि "जब मैंने अपना कार्यकाल एलजी के रूप में शुरू किया, तब भी मैंने पाया कि मेरे पास वैसी टीम नहीं थी जो मिलकर काम करती हो, लेकिन व्यक्तिगत रूप से अपने-अपने प्रत्येक क्षेत्र में बेहद प्रतिभाशाली हैं, लेकिन अकेले अकेले स्वयं काम कर रहे हैं। अब मुझे लगता है कि उन्हें साथ लाना ही मेरा पहला कदम होगा और उन्हें एक टीम बनने के लिए प्रोत्साहित करना होगा।"

और इसी तरह उन्होंने टीम राजनिवास का गठन किया। इस टीम में उनके ओएसडी (पूर्व सचिव) थेवा नीती धस, निजी सचिव आर। श्रीधर, सहायक सचिव एस.डी. सुंदरेशन, एडीसी एस. कर्थिगायन, नियंत्रक सुश्री आशा गुप्ता, पीआरओ जे. कुमारन और मुख्य शिकायत अधिकारी एस. बस्केरन हैं। टीम ने डॉ. बेदी के नेतृत्व में थिंक टैंक के रूप में कार्य किया है। उनके काम से प्रभावित होकर, मैंने उनका भी इस बात को लेकर साक्षात्कार किया कि उन्होंने इन अच्छी प्रथाओं

को विकसित होते हुए किस प्रकार से देखा और उनसे उन्हें कैसे लाभ हुआ है?

मैंने उनसे बात करने की इस प्रक्रिया में जो खोज की, वह शासन का एक उल्लेखनीय मॉडल था जो न केवल सरकारें बल्कि कोई भी संगठन आसानी से सीख और अपना सकता है। वह एक ऐसा मॉडल है जो टीम के काम और पारदर्शिता पर आधारित है और संचार और सहयोग के बल पर सवारी करता है, सभी एक नेता की दया से प्रेरित हैं जो मानती थी कि वह यहां एक उद्देश्य को पूरा करने के लिए आयी थीं।

एक नेता के रूप में जो वह विश्वास करती हैं और जो वह चाहती है, जो वह करती है उसके साथ संरेखण करती हैं और यह स्पष्ट रूप से उसकी इंटीग्रिटी का हॉलमार्क है। जो काम करने के लिए उनके जुनून को प्रेरित करता है, वह सत्ता की भूखी नहीं हैं लेकिन उनमें सिद्धांतों की, कर्तव्यों की भावना है, और एक उद्देश्य के साथ काम करने की भावना है। जिसके लिए उन्हें यह पद दिया गया है। वे कहती हैं कि "यह मेरा कर्तव्य है और मुझे इसे अपना 100 प्रतिशत देना चाहिए" उनका विश्वास है। यह एक ऐसे नेता को देखने के लिए प्रेरणादायक है जिसके पास एक दयालु दिल, तेज दिमाग, बहादुर आत्मा का एक आदर्श संयोजन है, जो हमेशा अपने देश और समाज की सेवा करने के लिए तेजी से अतिरिक्त मील आगे बढ़ता जा रहा है।

मुझे आपको इनमें से प्रत्येक अच्छे व्यवहार के बारे में जानकारी देनी होगी और आपके सामने एक मॉडल प्रस्तुत करना चाहिए जो एक दूरदर्शी नेता को वर्षों से प्राप्त अनुभव के उत्पाद हैं। डॉ. किरण बेदी का मानना है कि यह एक मॉडल है, जो अन्य सरकारों, विभागों, कार्यालयों और संगठनों द्वारा प्रतिकृति अपनाने के बाद, उनके लिए बहुत फायदेमंद साबित होगा।

मैं डॉ. किरण बेदी को धन्यवाद देती हूं कि उन्होंने मुझे यह अवसर दिया और इस पुस्तक पर काम करने के हर कदम के दौरान मार्गदर्शन किया। जो उनके 70वें जन्मदिन के लिए एक उपहार के रूप में शुरू होने के बाद उनकी दयालुता और उदारता से प्रेरित शासन, नेतृत्व और अच्छी प्रथाओं को समेटते हुए एक पुस्तक में विकसित हो गया।

श्रेष्ठ आचरण

मॉडल

- **लोगों को थिंक टैंक में शामिल करना:** टीम राजनिवास और सुबह 10 बजे की बैठक की शुरुआत करना।
- **खुलेपन के युग का उदय:** राजनिवास बना जनता का निवास।
  आशा की किरण: ओपन हाउस शुरू करना।
  जहां सपने सच होते हैं: विजिटर्स ऑवर की शुरुआत।
  फिल्मों के माध्यम से प्रेरणा: फिल्म सीरीज की शुरुआत।
  प्रतिभाशाली लोगों को जोड़ना: लीडरशिप सीरीज की शुरुआत।
  जब अधिकारी शिक्षक बने: लेक्चर सीरीज की शुरुआत।
  संस्कृति की सराहना: आर्ट एंड कल्चर सीरीज की शुरुआत।
  एकजुटता की भावना: सेलिब्रेटिंग फेस्टिवल्स की शुरुआत।
  भविष्य के नेताओं का निर्माण: इंटर्नशिप की शुरुआत।
- **बाधाओं से परे जीवन जीना:** कम्फर्ट जोन से बाहर जाना - वीकेंड मॉर्निंग राउंड्स की शुरुआत।
- **मेंटरशिप** के माध्यम से प्रेरित करना।
- **व्यक्तिगत लर्निंग एक्सपीरिएंसेस:** एक-एक व्यक्ति के साथ मीटिंग करना।
  कार्यालय यात्राओं के माध्यम से सीखना और मार्गदर्शन करना।
- **किसी की क्षमता का पता लगाना:** सेल्फ-इवैल्यूएशन टेस्ट्स की शुरुआत।
- **रणनीतिक और लक्ष्य निर्धारण करना:** साप्ताहिक और मासिक रिव्यू मीटिंग्स की शुरुआत।

- **सत्य की पुष्टि करनाः** सरप्राइज/इन्कॉग्निटो विजिट्स की शुरुआत।
- **संलग्न करना और ज्ञानवर्धक बनानाः** कम्युनिकेशन और टेक्नोलॉजी के उपयोग की शुरुआत।
- **राजनिवास की चौथी संपत्तिः** क्रिएटिव टीम - सोशल मीडिया और डॉक्यूमेंटेशन की शुरुआत।
- **एक उद्देश्य के साथ कनेक्टिविटी बनानाः** समृद्ध पुडुचेरी व्हाट्सप्प ग्रुप की शुरुआत।
- **अपने सबसे अच्छे रूप में ट्रांसपेरेंसी रखनाः** फाइलों का साप्ताहिक निपटान अपडेट करने की शुरुआत।
- **आम आदमी से जुड़नाः** मंथली इंगेजमेंट - नागरिकों को मासिक संदेश देने की शुरुआत।
- **नेटवर्किंग**
- **कम्युनिटी को वापस देनाः** राजनिवास आउटरीच कार्यक्रम की शुरुआत।
- **सहयोग और सुधार की ओरः** ह्यूमन रिसोर्सेज का सहयोग करने की शुरुआत।
- **दया के साथ प्रशंसा करना।**
- **आभार व्यक्त करनाः** जल समृद्ध-स्वच्छता ही सेवा पुरस्कार की शुरुआत।
- **लगातार प्रयासों को पहचाननाः** फ्रंट-रनर पुरस्कार की शुरुआत।
- **बेहतर प्रदर्शन करने की प्रेरणाः** पुलिस और नगरपालिका दंड के लिए साप्ताहिक पुरस्कार की शुरुआत।
- ग्रीन एंबेसडर की प्रशंसा करना।

थिंक टैंक के रूप में लोगों की टीम बनाना

टीम राजनिवास और मीटिंग का गठन

नेतृत्व की कीमती सीख

अपने आप को एक शुरुआत करने की अनुमति दें। कोई भी उत्कृष्ट महिला के इतिहास की शुरुआत नहीं करता है! अच्छे लीडर्स लगातार सीखने के अवसरों की तलाश करते हैं। वे अपनी टीम का सम्मान करते हैं और स्वीकार करते हैं कि वे उनसे अधिक जानकारी लेना चाहते हैं। यही कारण है कि वे हमेशा अधिक जानकारी की मांग करते हैं और उन्हें सीधे तौर पर जानकारी लेने के अवसर पैदा करते हैं। – डॉ किरण बेदी

@ The Kiran Bedi: #Team Rajnivas @ 10Am – चिंतन करना, पहचान करना, योजना बनाना, समीक्षा करना, जुड़ना, पुडुचेरी की सेवा करने के लिए प्रत्येक दिन बेहतर है @ राष्ट्रपति भवन @PMO भारत

25 अप्रैल, 2017

जब डॉ. किरण बेदी ने एलजी के रूप में पदभार संभाला, तो वह अपने साथ एक पुलिस वाले के रूप में 40 वर्षों का अनुभव ले आई, उनके प्रशासनिक कौशल ने उन्हें अपने राष्ट्र की सेवा करने के लिए

तीव्र जुनून के साथ जोड़ा हुआ था। यहां तक कि एक पुलिस वाले के रूप में उनका मानना था कि पुलिस अधिकारों को सही करने के लिए कड़ी होती है, उसके पास रोकने की शक्ति और दंडित करने की शक्ति के बजाय चीजों को प्राप्त करने की शक्ति होती है। एक एलजी के रूप में वह इस विश्वास के साथ आईं कि वह पुडुचेरी की सेवा करने के लिए यहाँ थीं और इसे देश का सबसे समृद्ध केंद्र शासित प्रदेश बनाया जायेगा।

उनके पूर्व सचिव और वर्तमान में ओएसडी के रूप में सेवा कर रहे थेवा नीती धस बताते हैं कि "मैडम टीम के काम में दृढ़ता से विश्वास करती हैं और एलजी के रूप में शपथ लेने से पहले ही, उन्होंने सचिवों की एक बैठक बुलाई और एक प्रशासक के रूप में उनके यहाँ रहने के बारे में स्पष्ट रूप से बताया। उसके बाद एक पुलिस वाले के रूप में वह कुछ वर्षों से जिस प्रकार आचरण कर रही थीं उसी के चलते उन्होंने जो पहला कदम उठाया, वह था राजनिवास को तैयार करना और 10 बजे की बैठक शुरू करना।"

यहां कोट की गई 'नेतृत्व की कीमती सीख' के लिए सच है, उन्होंने एक बिगिनर की तरह शुरुआत की। इसलिए उन्होंने अपनी टीम के सदस्यों को बेहतर ढंग से समझने और उन्हें बेहतर तरीके से जानने, सहयोग करने और उनके साथ काम करने और उन्हें टीम बनाने के लिए प्रोत्साहित करने का अवसर बनाने के लिए, उन्होंने सुबह 10 बजे की मीटिंग का कांसेप्ट विकसित किया।

एलजी के पूर्व ओएसडी डॉ. अमृता बहल कहती हैं कि "मैम अपने पुलिस के दिनों से सुबह की बैठकों को करने की अभ्यस्त हैं। बीपीआरडी में अपनी आखिरी पोस्टिंग के दौरान उनकी 9 बजे की बैठकें हुआ करती थीं, इसलिए जब वे एलजी के रूप में यहां आईं, तो उन्होंने पूरी टीम को बुलाया, अपना परिचय दिया और उन्हें समझाया कि कैसे वे हमेशा मॉर्निंग मीटिंग्स करने की आदी हैं। उन्होंने टीम से पूछा कि उनके लिए कौन-सा समय सुविधाजनक होगा और उन्होंने

कहा कि सुबह 10 बजे। और इस तरह से 10 बजे की मॉर्निंग मीटिंग्स शुरू हुई।"

राजनिवास के विभिन्न विभाग मई, 2016 तक साइलो की तरह काम कर रहे थे। वे सभी बहुत कम ही मिलते थे, शायद साल में सिर्फ एक या दो बार। प्रत्येक विभाग की अपनी कार्यशैली थी और विशेषज्ञ विशिष्ट कार्यों को पूरा करने के लिए वहां काम करते थे।

वास्तव में विभागों के वर्टीकल स्ट्रक्चर के लिए कार्रवाई का को-आर्डिनेशन करना और परिवर्तन के अनुकूल होना मुश्किल था।

डॉ. बेदी जानती थीं कि इन सिलोस और स्टोव पाइप्स को तोड़ने से कोई फायदा नहीं है। सिलोस को खत्म करने की कोशिश करने के बजाय, उन्होंने उन सभी को प्रभावी ढंग से जोड़ने की कोशिश की। सुबह 10 बजे की बैठक उन सभी को जोड़ने के लिए एक मंच बन गई।

सार्वजनिक अवकाश को छोड़कर, मीटिंग प्रतिदिन आयोजित की जाती है, और जो कुछ महत्त्वपूर्ण चल रहा है, उस पर संक्षिप्त विवरण दिया जाता है।

कार्य को अधिक प्रभावी बनाने के लिए, डॉ. बेदी ने अन्य विभागों के साथ वर्चुअल मीटिंग्स को अपनाया।

सुबह 10 बजे की मीटिंग्स एक स्पष्ट एजेंडे का पालन करती है और उसमें प्रत्येक पेंडिंग आइटम पर चर्चा की जाती है और पूरी तरह से पालन किया जाता है। बैठकों का उपयोग विभिन्न मुद्दों या विचारों पर विचार-मंथन के लिए किया जाता है, न कि टॉप-डाउन तरीके से जानकारी को प्रसारित करने या प्रसारित करने के लिए इसका उपयोग होता है। इस मीटिंग में प्रत्येक पार्टिसिपेंट एक आब्जर्वर होने के साथ-साथ नए दृष्टिकोण देने में मदद करता है।

सभी बैठकें संदर्भ और जवाबदेही के लिए अच्छी तरह से दर्ज की जाती हैं।

इस सन्दर्भ में नीती धस ने बताया "इन मीटिंग्स ने हममें से प्रत्येक को अपनी भूमिकाओं को बेहतर ढंग से समझने और एक-दूसरे की

ताकत को समझने, चिंतन करने, कल्पना करने, सामूहिक रूप से सोचने, निष्पादित करने और उन सभी कार्यों का पालन करने के लिए सक्षम किया।"

आमतौर पर, 10 बजे की मीटिंग में मुद्दों की पहचान करना, प्राथमिकताएं निर्धारित करना, प्रेस की कतरनों की समीक्षा करना और उनके आधार पर कार्रवाई की मांग करना, शिकायतों की निगरानी और कार्य तथा कार्यों की प्रगति पिछले दिन या पहले की बैठकों के दौरान पहचानी जाती है और दिन के लिए एजेंडा सेट करना शामिल है। "सुबह 10 बजे की मीटिंग ने कार्य संस्कृति में ताजगी और नवीनता का संचार किया। प्रारंभ में हमारे साथ अन्य विभागों के अधिकारी मीटिंग में शामिल हुए और हम पुडुचेरी के अन्य क्षेत्रों - माहे, यनम और कराईकल से भी वीडियो-कॉन्फ्रेंसिंग के जरिए जुड़े। लेकिन धीरे-धीरे और अधिक विभिन्न मुद्दों के सामने आने कारण, 10 बजे की मीटिंग एक बड़ा फुटप्रिंट होने से, एक इन-हाउस थिंक टैंक मीटिंग में विकसित हो गयी। एलजी के निजी सचिव आर. श्रीधर कहते हैं कि कोई एलजी पहले से इस तरह अधिकारियों की बैठकें नहीं बुलाता था। ये मीटिंग्स निश्चित रूप से टीम के सभी सदस्यों के लिए एक अद्भुत सीख लेने का अनुभव रही हैं।

एलजी के अतिरिक्त सचिव एस.डी. सुंदरसेन बताते हैं कि "कुछ महीने पहले, राजनिवास टीम का हिस्सा बनने से पहले मैंने 10 बजे की मीटिंग के बारे में कभी नहीं सुना था। मीटिंग्स का एक निश्चित एजेंडा होता है, लेकिन यह एक परिवार की तरह होता है, जहां हम सभी महत्त्वपूर्ण मामलों पर चर्चा करते हैं, अपनी भूमिकाओं को समझते हैं और यह एजेंडा उनको यहाँ सीखने में मदद करता है।

हम सभी एक ही वेवलेंथ पर हैं और यह भी जानते हैं कि प्रत्येक क्रिया के अपेक्षित परिणाम क्या होने चाहिएं। हमारे पास भी मौज-मस्ती के पल होते हैं। यह मीटिंग्स मेरे लिए सीखने का एक बहुत बड़ा अनुभव रहा है।"

समाचार क्लिपिंग को चार फोल्डरों में इस मीटिंग में लाया जाता है, एक अंग्रेजी क्लिपिंग के लिए, एक तमिल के लिए, एक आपको दुनिया भर से जानने के लिए और एक पीआईबी (प्रेस सूचना ब्यूरो) से प्रेस विज्ञप्ति के लिए, जो भारत सरकार के सभी समाचारों से संबंधित है। राजनिवास के पीआरओ जे. कुमारन कहते हैं। “हम इन समाचार कतरनों को संकलित करने के लिए सुबह एक टीम के रूप में काम करते हैं जो माननीय एलजी और टीम को प्रस्तुत की जाती हैं और 10 बजे की मीटिंग के दौरान हम महत्त्वपूर्ण कतरनों को उठाते हैं और उन पर चर्चा करते हैं, संबंधित विभागों और कार्रवाई से संबंधित अनुरोधों को भेजते हैं। यह शिकायत मुख्य शिकायत अधिकारी को दी जाती है।”

यह 10 बजे की मीटिंग, जो तालमेल, रचनात्मकता, सामंजस्य और सद्भाव प्रदान करती रही है, निश्चित रूप से अच्छे शासन के घटक हैं। टीम के पास हर दिन अपने हल्के क्षण होते हैं और यह डॉ. किरण बेदी का स्नेह है जहाँ हर कदम पर टीम को उनका मार्गदर्शन और परामर्श मिलता है, जिससे उनमें से प्रत्येक को अपनी ताकत का दोहन करने और अपना सर्वश्रेष्ठ देने में मदद मिली है।

एक ऐसे नेता के नेतृत्व में, जो विचारों का परामर्श देने और सिखाने के लिए हमेशा तत्पर रहता है, जो पारदर्शिता और भागीदार टीम भावना में विश्वास करता है। टीम राजनिवास इन 10 बजे की मीटिंग्स के माध्यम से, एक एक्शन ओरिएंटेड, सर्वसम्मति के लिए तैयार टीम है, जो पुडुचेरी के प्रशासन में एक स्पष्ट बदलाव लाने में सक्षम है।

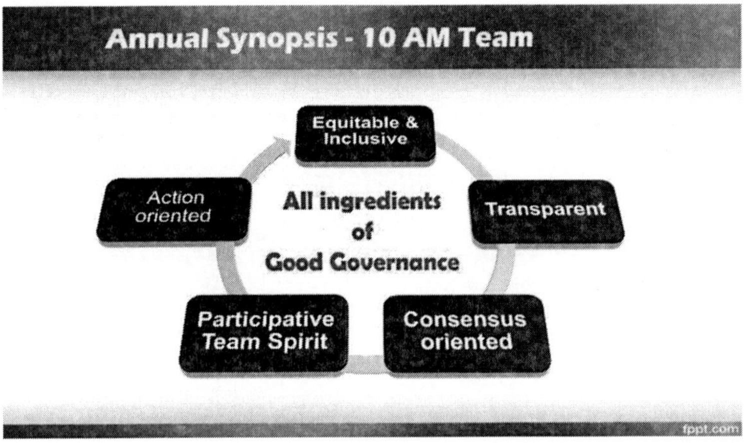

डॉ. किरण बेदी के साथ एक थिंक टैंक के रूप में काम करने वाली राजनिवास की टीम, उन्हीं की तरह चिंतन करने वाली, संक्रामक ऊर्जा और दया के साथ काम करने वाली बन गयी और तब उन्होंने वह पहल की, जिससे राजनिवास जनता के लिए पूरी तरह खुल गया है और जनता को वहां तक पहुँचने के लिए, उसे और अधिक सुलभ बनाने के लिए अगला कदम उठा लिया। आज राजनिवास लोगों का निवास बन गया।

मुख्य लक्ष्य / प्रबंधन शिक्षा

एक लीडर के रूप में आप सभी चार प्रतिमानों - आत्मा, शरीर, दिल और दिमाग पर ध्यान केंद्रित करते हुए अपने भीतर की आवाज पर ध्यान देते हैं और यह एक साइलो को तोड़ने के बजाय आपके नेतृत्व के लक्ष्यों को रणनीतिक बनाने में मदद करेगा, टीम की भावना और टीम वर्क को प्रोत्साहित करेगा। अपने आप को एक शुरुआत करने की अनुमति दें, अपनी टीम को समझें और उन्हें लक्ष्य निर्धारित करने के लिए प्रोत्साहित करें और अपनी संबंधित शक्तियों पर काम करें।

खुलेपन के एक युग में आया उभार:
राजनिवास को जनता का निवास बनाना

नेतृत्व की कीमती सीख

लोग हमेशा काम में लगे हुए नेतृत्व को देखना चाहते हैं। नेतृत्व को उन परिस्थितियों में मजबूती से खड़ा होना चाहिए, जो हाई एनर्जी के साथ पूरे साल और चौबीसों घंटे अपने काम पर ध्यान केंद्रित करते हैं। – डॉ. किरण बेदी

राजनिवास में ओपन हाउस में, कोई भी बिना नियुक्ति के घोषित तिथियों और समय पर राजनिवास आ सकता है। वे अभिवादन करने, मिलने और किसी भी मुद्दे पर अपना दृष्टिकोण व्यक्त करने के लिए आ सकते हैं। हम इस अवसर का उपयोग पुरस्कृत करने के लिए भी करते हैं।

@NewIndianXpress @PMOIndia@ANI
@rashtrapatibhvn @HMOIndia

11 जून, 2019

आशा का प्रकाशस्तम्भ: ओपन हाउस

@ TheKiranBedi- राजनिवास में ओपन हाउस में, कोई भी बिना नियुक्ति के घोषित तिथियों और समय पर राजनिवास आ सकता है। वे अभिवादन करने, मिलने और किसी भी मुद्दे पर अपना दृष्टिकोण व्यक्त करने के लिए आ सकते हैं। हम इस अवसर का उपयोग प्रेरणा साझा करने के लिए, पहचानने और पुरस्कृत करने के लिए भी करते हैं।
@NewIndianXpress @PMOIndia
@ANI @rashtrapatibhvn @HMOIndia

11 जून, 2019

अधिकाँश लोगों में एक दृढ़ विश्वास होता है कि, "जितना ऊँचा पद होता है वह लोगों की पहुँच तक उतना ही अधिक सुलभ होना चाहिए।" डॉ. किरण बेदी ने एलजी के रूप में कार्यभार संभालते ही ओपन हाउस को शुरू करने का फैसला किया। यह उसी बात का विस्तार था जिसका उन्होंने 1998 में दिल्ली के उपराज्यपाल तेजेंद्र खन्ना के विशेष सचिव के रूप में पहले ही अभ्यास कर लिया था।

एलजी के रूप में कार्यभार संभालने के कुछ दिनों के भीतर, डॉ. बेदी ने राजनिवास में ओपन हाउस की शुरुआत की। उन्होंने उस राजनिवास के द्वार खोले, जिसकी इमारत को आइवरी टावर माना जाता

था, जहाँ एक पक्षी भी बिना अनुमति के नहीं उड़ सकता था। एस. बास्करन, राजनिवास के मुख्य शिकायत अधिकारी बहुत गर्व के साथ बताते हैं, "जब मैडम ने पदभार संभाला, तो वह केवल अधिकारियों के संपर्क में थीं और अधिकारियों से हमें जो प्रतिक्रिया मिली, वह सब अच्छी थी, लेकिन जब उन्होंने बाहर निकलना शुरू किया और वास्तविकता को देखा तो उन्हें महसूस हुआ कि लोगों को सुनने और उनकी मदद करने की जरूरत है और इस तरह से ओपन हाउस की अवधारणा शुरू हुई।"

Meet Lt.Guv between 5-6pm without appointment

Puducherry: Lt Governor Kiran Bedi, who directed all the top officials in the union territory to allot one hour (5pm-6pm) to meet the general public and redress their grievances, has set an example by meeting people from June 1. People from all walks of life started visiting Raj Nivas, Lt Governor's official residence, between 5pm and 6pm, raising a wide range of issues before her without prior appointment. A foreigner, who made Puducherry her home, appreciated Bedi's goal to make Puducherry a prosperous territory. However, she insisted that its legacy of being a spiritual and peaceful town must be preserved. TNN ▶**Continued on, P 2**

प्रारंभ में, पूरे सप्ताह में, ओपन हाउस शाम 5 बजे से 6 बजे तक आयोजित किया गया था। और 40 टोकन पहले आओ-पहले पाओ के आधार पर जारी किए गए। शिकायतों को सुना गया और समाधान प्रदान किया गया। लेकिन जैसे-जैसे काम विकसित हुआ, ओपन हाउस का समय शाम 5 बजे से 7 बजे ते, सोमवार से बुधवार तक सीमित हो गया, लेकिन वही 40 टोकन जारी किए जाते। शिकायतों के साथ आने वाले सभी लोगों का रिकॉर्ड सावधानीपूर्वक बनाए रखा जाता और आगे की कार्रवाई के लिए फॉलो-अप्स किए जाते। बुधवार शाम 6 बजे से 7 बजे तक का समय सेवानिवृत्त और सेवारत सरकारी कर्मचारियों के लिए समर्पित है और शुक्रवार का समय कराईकल, माहे और यनम के क्षेत्रों के साथ वीडियो कॉन्फ्रेंसिंग के माध्यम से ओपन हाउस के लिए समर्पित है।

एलजी के निजी सचिव श्रीधर कहते हैं, "सर्वेक्षण विभाग से लोक अदालत, कल्याण विभाग से परिवार परामर्शदाता और सर्वेक्षण विभागों से तहसीलदार की भागीदारी बेहद मददगार रही है और जल्दी से मुद्दों को सुलझाने में मदद करती है।"

ओपन हाउस ने जमीन से जुड़ी संपत्ति के साथ-साथ संपत्ति के विवादों, भ्रष्टाचार, पारिवारिक विवादों, पानी के मुद्दों और यहां तक चिकित्सा प्रवेश के मुद्दों की गंभीर शिकायतों को भी निपटाया है, जिन्हें बार-बार एलजी के ध्यान में लाया गया था। मेडिकल प्रवेश के मुद्दे ओपन हाउस में उठाए जाने के बाद, एलजी ने CENTAC कार्यालय का दौरा किया और बाकी तो फिर इतिहास है। एक अन्य क्षेत्र जहां ओपन हाउस ने वास्तव में मदद की, वह थी "वाटर-रिच पुडुचेरी" परियोजना। चोक वाटर चैनलों की शिकायत ओपन हाउस के माध्यम से हुई, जिसके कारण जल चैनलों, झीलों और तालाबों का निरीक्षण करने के लिए क्षेत्र का दौरा किया गया और इसके परिणामस्वरूप कॉर्पोरेट सोशल रिस्पांसिबिलिटी एक्टिविटीज की मदद से उन्हें साफ कर दिया गया।

ओपन हाउस ने मध्य-पूर्व जैसी जगहों में फंसे लोगों को वापस लाने में भी मदद की है जहाँ उन्हें काम देने के बहाने ले जाया गया था और फिर उनका शोषण किया गया था। एक्सटर्नल अफेयर्स मंत्रालय की मदद से, अधिकारी कई लोगों को वापस लाने और उन्हें अपने परिवारों के साथ एकजुट करने में मददगार साबित हुए थे।

ईमेल, व्हाट्सएप और अन्य सोशल मीडिया प्लेटफार्मों के माध्यम से भी शिकायतें प्राप्त होती हैं। अप्रैल, 2017 में, जब हमने राजनिवास वेबसाइट लॉन्च की, तो हमने एक याचिका निगरानी प्रणाली को इसमें शामिल किया ताकि शिकायतों को अधिक प्रभावी ढंग से पेश किया जा सके। इसमें प्राप्त प्रत्येक शिकायत को स्वीकार किया जाता है और शिकायतकर्ता को एसएमएस, ईमेल या पेपर जैसे कम्युनिकेशन्स के पसंदीदा मोड के माध्यम से भविष्य के पत्राचार के लिए एक यूनीक आईडी नंबर प्राप्त होता है। एक बार पंजीकृत होने के बाद, इन

शिकायतों का संबंधित विभागों द्वारा निवारण किया जाता है, जबकि उपराज्यपाल सचिवालय उनकी निगरानी करता है। जिन शिकायतों को गोपनीय चिन्हित किया जाता है उनको उपराज्यपाल की गोपनीय डेस्क द्वारा बड़ी गोपनीयता से निपटाया जाता है।

@TheKiranbedi: कम्प्यूटरीकृत पीएमएस सिस्टम में होस्ट किए गए सभी स्रोतों से व्हाट्सएप से प्राप्त रोजाना कैसे एड्ड्रेस्सेड/रीवियुड की जाती है, यह इसके बारे में है। नोडल अधिकारियों के साथ श्री श्रीनिवास, एडिशनल सेक्रेटरी, राजनिवास और डॉ. बास्कर मुख्य शिकायत अधिकारी द्वारा को-आर्डिनेट किया गया। याचिकाकर्ता की संतुष्टि की जाँच की गई है।

–2 मार्च, 2018

Government of Puducherry
Lieutenant Governor's Secretariat
Raj Nivas, Puducherry

No. LGS/LGPMS/DailyReport/2018 ***23rd March'18***

Department wise Petitions Disposed on 22nd March 2018

S.No	Department / Secretary	Closed
1	Director General of Police	8
2	Labour Department	4
3	Power	2
4	SSP (Karaikal) - Senior Superintendent of Police	1
	Total:	**15**

GRO Feedback report on the day of 22nd March 2018

Sl.no	Petition No.	Department	Feedback of GRO	Comments of GRO
1	Ke19/Ka04/LGP/00006/17	Director General of Police	Good	Excellent
2	Pu01/Ka02/LGP/06290/18	Secretary (Power)	Good	Excellent
3	Pu01/Ka02/LGP/06317/18	SSP (Karaikal) - Senior Superintendent of Police	Good	Excellent
4	Pu01/Ka02/LGP/06320/18	Secretary (Power)	Good	Excellent
5	Pu01/Pu01/LGP/07301/17	Director General of Police	Good, the petitioner may be communicated on the same.	Excellent
6	Pu01/Pu01/LGP/07720/17	Director General of Police	Good	Excellent
7	Pu01/Pu01/LGP/07947/17	Director General of Police	Good	Excellent
8	Pu01/Pu01/LGP/07994/17	Director General of Police	Good	Excellent
9	Pu01/Pu01/LGP/08306/17	Director General of Police	Theft of iron items from the non functional company and quarrel between 3 groups stealing iron items are clear and strait. Factual position of the theft refereed as no complaint received stating beat officers sensitized on preventive part.	Satisfactory

एक फोरम जो पूरी तरह से मानवीय दृष्टिकोण के साथ काम करता है, जहां लोगों को सीधे उपराज्यपाल द्वारा सुना जाता है, ओपन हाउस राजनिवास के श्रेष्ठ आचरणों के रूप में उभरा है। डॉ. किरण बेदी पुडुचेरी के लोगों के लिए एक ऐसे लीडर के रूप में आशा की किरण हैं जो लोगों की सेवा के लिए इंतजार करने के बजाय लोगों की तत्काल सेवा करने के लिए उत्सुक हैं।

लोग राजनिवास में कभी भी चले जाते हैं और उनका अत्यंत विनम्रता के साथ स्वागत किया जाता है। जब लोग अपनी बारी का इन्तजार करते हैं तो उनको आराम से बैठाया जाता है और उन्हें चाय और बिस्कुट भी दिए जाते हैं, जिन्हें वे पोर्टिको से खुद के लिए उठा सकते हैं। जब वे एलजी के कार्यालय में होते हैं, तो वह व्यक्तिगत रूप से उन्हें इतने प्यार से बधाई देती हैं कि उनकी भाषा न जानने के बावजूद, उन्हें लगता है कि यहां कोई है जो उनकी मदद करने के लिए वास्तव में है और उनकी समस्याओं का समाधान किया जाएगा।

प्राप्त शिकायतों का एक सारांश

साल	LGPMS (एलजी की याचिका निगरानी प्रणाली)	व्हाट्सप्प	ओपन हाउस	कुल
2016	5,921	0	2,796	8,717
2017	8,590	1,721	2,598	12,909
2018	8,068	2,773	3,512	14,353
2019 31–5–2019 तक	2,551	834	726	4,111
कुल	**25,130**	**5,328**	**9,632**	**40,090**

यदि लोगों को अपनी शिकायतों के साथ एलजी तक चलने का मौका मिलता है और वह उनकी बात सुनती हैं और उन्हें अत्यंत दयालुता से मदद करती हैं, तो लाखों लोग ऐसे भी हैं जिनके लिए डॉ. बेदी एक रोल मॉडल हैं, उन्हें भी विजिटर्स ऑवर के दौरान अपने आइकन से मिलने और बातचीत करने का मौका मिलता है।

जहाँ सपने सच होते हैं

विजिटर्स ऑवर्स

> @ TheKiranBedi: राज निवास आज दोपहर 12:00-1:30 बजे तक आगंतुकों के लिए खोला गया। आगंतुकों के पहले बैच ने http://RajNivas.py.gov.in पर अपना नाम रजिस्टर किया। राजनिवास में आपका स्वागत है।
>
> 1 मई, 2017

राजनिवास में घरेलू काम करने वाली महिला आशा गुप्ता का कहना है कि डॉ. किरण बेदी, एलजी के रूप में, हमेशा से जानती थीं कि राजनिवास केवल उनका निवास-सह-कार्यालय नहीं था, बल्कि लोगों के साथ जुड़ने के लिए एक स्थान भी है और इसलिए उन्होंने तुरंत ही राजनिवास के द्वार खोल दिए। "आंतरिक रूप से, राजनिवास जनता का निवास बनाने की मंथन यात्रा पर था। पुडुचेरी के प्रथम नागरिक लेफ्टिनेंट गवर्नर का गृह और कार्यालय वाली इस आलीशान इमारत

में आने-जाने का एकमात्र तरीका अब हम कर्मचारियों के साथ-साथ बाहरी लोगों को भी पता था। हमें अब पता चल रहा है कि इस प्रकार का कोई और आयाम हो सकता है? हम इस सबसे कितने अंजान थे आने वाले महीनों में साबित हो जायेगा।

शाम 4 बजे से ओपन हाउस शुरू क्या हुआ उसके बाद तो विजिटर्स ऑवर (1 मई, 2017 से शुरू) में हर दिन 12.00 से 1:30 बजे तक अपॉइंटमेंट्स होने लगी। जहां लोग आइकोनिक डॉ. किरण बेदी से मिलने आते हैं, न कि हेरिटेज बिल्डिंग को देखने के लिए। डॉ. बेदी का कहना है कि "मैं राजनिवास में निवासी मात्र हूँ, लेकिन यह इमारत सभी की है। हर किसी को इस सुंदर विरासत को देखने और उसकी भव्यता का अनुभव करने का अवसर मिलना चाहिए।" डॉ. बेदी बच्चों की तरह उत्साह के साथ कहती हैं कि वह हर दिन आगंतुकों के समूह से मिलती हैं, जो अपने आइकन के साथ तस्वीरें लेने के लिए एक झुण्ड की तरह भीड़ लगा देते हैं। इससे बेहतर नेतृत्व की कीमती सीख देने वाले नेतृत्व के लिए क्या उपर्युक्त हो सकता है? वह न केवल लोगों से मिलने, बल्कि उनके विचारों को सुनने के लिए खुल कर मिलती हैं, बल्कि वे तुरंत उन्हें अपनी टीम के साथ काम करने का अवसर देती हैं। कई आगंतुक आज सीएसआर गतिविधियों पर राजनिवास के साथ भागीदारी कर रहे हैं। बच्चों को उनकी कुर्सी पर बैठने के लिए मिलता है क्योंकि उनका मानना है कि ऐसा करने से उन्हें भविष्य में एलजी बनने की प्रेरणा मिलेगी। 'आकांक्षा के लिए प्रेरणा' उनका मंत्र है, उनकी कुर्सी पर बैठकर बच्चे एलजी की कुर्सी पर दो मिनट बैठने की प्रसिद्धि का आनंद लेते हैं।

आशा गुप्ता कहती हैं, "आगंतुकों, छात्रों, अंतर्राष्ट्रीय पर्यटकों और हर श्रेणी के समूहों द्वारा वहां विजिट करने के अनुरोध प्रतिदिन आते हैं। यह राजनिवास में दोपहर के समय एक दैनिक सुविधा बन गई। लेफ्टिनेंट गवर्नर के चेंबर्स को सबसे पहले देखना पसंद किया जाता था। डॉ. किरण बेदी बच्चों और छात्रों का उपराज्यपाल की आधिकारिक कुर्सी पर बैठने का स्वागत करतीं जो उपराज्यपाल डेस्क के समीप रखी हुई थी। आगंतुकों को हमेशा एक उपहार

(पेंसिल, किताबें, यादगार) के साथ वापिस भेजा जाता है, इसी के साथ, वह अपने साथ आइकन के साथ मिलने की अद्‌भुत यादें और मुस्कुराहट भी ले जाता है और वह यह देखता कि उनकी आइकन बेहद सादा सरल है, लेकिन सबकी देखभाल करने वाली है।"

आगंतुक उपहार के साथ आते हैं लेकिन 'रीसायकल' डॉ. किरण बेदी का मंत्र है और आने वाले सभी उपहार एलजी के उपहार अलमारी में जाएंगे और दूसरों को तुरंत दे दिए जाएंगे। डॉ. किरण बेदी कहती हैं, "ये उपहार किरण बेदी को नहीं दिए जा रहे हैं, वे उपराज्यपाल को दिए जा रहे हैं और वे सब कार्यालय के हैं। इसलिए मैं उनमें से किसी को भी अपने लिए नहीं ले जाती, लेकिन उन्हें यहाँ अलमारी में रख देती हूं। मैं उन्हें आगंतुकों और अपने अच्छे प्रदर्शन के लिए अधिकारियों को भी दे देती हूँ। मैं अपने स्वच्छता कार्यकर्ताओं को शॉल देती हूं, जो हमारे शहर को साफ रखने के लिए कड़ी मेहनत करते हैं।"

अब तक 450 से अधिक बैचों के आगंतुक राजनिवास देखने के लिए आए हैं, जिनमें छात्रों से लेकर महिलाओं के समूह, विदेशी और यहां तक कि वे पर्यटक भी आये जो पुडुचेरी में छुट्टियां मनाने आये थे। विजिटर'स ऑवर डॉ. किरण बेदी द्वारा की गई कई पहलों में से एक है, जिसने राजनिवास को पीपुल्स निवास या लोक निवास के रूप में बनाया है, जैसा कि वह इसका उल्लेख करती हैं।

एक कॉलेज के कार्यक्रम में डॉ. बेदी ने एक मोबाइल एलईडी स्क्रीन देखी और फैसला किया कि वह उस जैसी एक खरीदेंगी और उसे राजनिवास के लॉन को बच्चों के लिए एक ओपन थियेटर में परिवर्तित करके लगाएंगी, इस तरह से राजनिवास में आने वाले बच्चों को फिल्म सीरीज के रूप में प्रेरणादायक फिल्में दिखाई जाएँगी। यह उनके लिए एक और मौका होगा कि वे जब भी राजनिवास आएं तो उससे प्रेरित हों।

फिल्मों के माध्यम से प्रेरणा: राजनिवास फिल्म सीरीज

@TheKiranBedi प्रेरित नेतृत्व के लिए- बीज बोना। इसके अलावा संसाधनों का उपयोग करके जो लोगों के हैं। #RajNivas अपनी क्षमता प्रदान कर रहा है.. एक नई तरह की ब्रेकथ्रू, जहाँ #RajNiwas बच्चों को, पुरस्कार विजेता फिल्मों की स्क्रीनिंग के लिए प्रेरित करता है।
वे हमारे भविष्य हैं @RashtrapatiBhvn@PMOIndia

25 फरवरी, 2017

डॉ. किरण बेदी ने बच्चों को भविष्य के नेता बनने के लिए प्रेरित करने के लिए राजनिवास के सभी संसाधनों का उपयोग करने का प्रयास किया। फरवरी, 2017 में उन्होंने राजनिवास फिल्म सीरीज शुरू की। राजनिवास में सबसे सुंदर लॉन है जो आसानी से एक ओपन-एयर थिएटर में परिवर्तित हो सकता है और ठीक ऐसा ही किया गया था। एक महीने के बाद, शनिवार की शाम को, बच्चे एक प्रेरक फिल्म देखने के लिए माता-पिता, शिक्षकों और दोस्तों के साथ आए, जिसके बाद खुद माननीय एलजी के साथ उन्होंने बातचीत की।

"बच्चों को प्रेरित करना ही राजनिवास का मुख्य उद्देश्य था। इसलिए राजनिवास फिल्म श्रृंखला में, अवार्ड-विजेता और शैक्षिक फिल्मों को चुना गया जिनको निराश्रित घरों में रहने वाले विशेष बच्चों के लिए, सरकार और अन्य चुनिंदा संस्थानों ने प्रदर्शित किया था। फिल्म श्रृंखला के हिस्से के रूप में, 13 फिल्मों को 7,300 लोगों द्वारा देखा

गया है।" राज निवास में व्यवस्था नियंत्रक आशा गुप्ता ने यह बताया, वह इन फिल्म स्क्रीनिंग के आयोजन में सहायक थीं।

इस श्रृंखला में दिखाई गई पहली फिल्म 'काका मुत्तई' थी और बाद में गांधी, लाइफ ऑफ पाई, एमएस धोनी, चक दे इंडिया, मंडेला जैसी फिल्मों को प्रदर्शित किया गया। डॉ. किरण बेदी कहती हैं, "बच्चों की फिल्म सीरीज भविष्य में निवेश करने का हमारा तरीका है, जो एक इस पीढ़ी के भारतीयों के अंदर प्रेरणा के बीज बोती हैं।" "मैं हमेशा फिल्म की स्क्रीनिंग के बाद बच्चों के साथ बातचीत करती हू और उन्हें बताती हू कि भविष्य के मजबूत नेता बनने के लिए उन्हें कैसे बड़े होने की जरूरत है।" उन्होंने एक बार बच्चों को यह भी बताया कि जो भी कक्षा में प्रथम आएगा, उसे एलजी की कुर्सी पर बैठने का अवसर मिलेगा।

@Lgov_Puducherry-#RajNivasFilmSeries: HLG @ thekiranbedi छोटे बच्चों को कक्षा में प्रथम आने के लिए प्रोत्साहित करने के लिए इनाम के रूप में एचएलजी की सीट पर बैठा कर फोटो क्लिक करवाएंगी।

प्रत्येक स्क्रीनिंग के लिए, छात्रों के एक नए समूह को आमंत्रित किया गया था, न केवल प्रेरणादायक फिल्म देखने के लिए, बल्कि भविष्य के सार्वजनिक अधिकारी, प्रशासक, शिक्षाविद, खेल व्यक्ति और सबसे बढ़कर, अच्छे इंसान बनने के लिए भी उनको प्रेरित करने के लिए यह आमंत्रण दिया गया था।

डॉ. बेदी राजनिवास में सुविधाओं का बेहतर तरीके से उपयोग करना चाहती थीं और उन्होंने सोचा कि उन तरीकों में से एक है वक्ताओं को आमंत्रित करना और इस कार्यक्रम को सार्वजनिक रूप से आमंत्रित करने के लिए किया जाये। इस प्रकार राजनिवास लेक्चर सीरीज का उदय हुआ।

अद्‌भुत बुद्धिजीवियों का जुड़ाव: राजनिवास लेक्चर सीरीज

@Lgov_ Puducherry& Launching #नागरिकों को संलग्न करने का प्रयास। #थॉट लीडरशिप # @ पेशावरिया #लीडर शिप एनर्जी पर बोलेंगे।

22 दिसम्बर, 2016

राजनिवास लेक्चर सीरीज डॉ. किरण बेदी द्वारा इतिहास, कला, नेतृत्व, साहित्य, प्रबंधन, विज्ञान, संस्कृति, स्वास्थ्य, आध्यात्मिक और ऐसे ही अन्य कई क्षेत्रों के प्रख्यात वक्ताओं के इंटरैक्टिव सेशंस की एक सीरीज के माध्यम से पुडुचेरी के नागरिकों को शामिल करने की एक पहल है।

आशा गुप्ता कहती हैं, "राजनिवास एक लेक्चर सीरीज की मेजबानी करता है, जहां प्रख्यात वक्ता नेतृत्व, प्रबंधन, इतिहास, दर्शन आदि से विभिन्न विषयों पर बातचीत करते हैं। सद्‌गुरु जग्गी वासुदेव की धन्य उपस्थिति, मैक्सवेल परेरा के खोजी अग्रदूत, राजीव पेशावरिया द्वारा उत्कृष्टता के अभ्यास, देबाशीष चटर्जी का विजन, जया राव द्वारा वैदिक प्रासंगिकता, स्वामी राधानाथ स्वामी ने पुडुचेरी के नागरिकों को अद्वितीय ज्ञान दिया।"

राजनिवास में डाइनिंग हॉल को एक लेक्चर हॉल में बदल दिया गया था, जहाँ लोगों को विचारों के आदान-प्रदान के साथ भोजन उपलब्ध कराया जाने लगा था। पहला लेक्चर राजीव पेशावरिया द्वारा नेतृत्व गुणों पर दिया गया था और आमंत्रितों में मंत्री, निर्वाचित प्रतिनिधि,

सार्वजनिक अधिकारी और शिक्षाविद शामिल थे। इस सम्बन्ध में राजीव पेशावरिया कहते हैं, "मैं अविश्वसनीय रूप से भाग्यशाली था इसलिए तो राजनिवास लेक्चर सीरीज के उद्घाटन के लिए मुझे आमंत्रित किया गया था। यह पहली बार है जब मैंने देखा है कि एक सरकारी नेता अपने एक आधिकारिक निवास को आम जनता के लिए खोल रहा था, पुडुचेरी राजनिवास में जनता ने जिस तरह से काम किया है और आगे भी कर रही है उससे दुनिया भर के नेता सीख सकते हैं। राजनिवास टीम ने दुनिया को दिखाया है कि नेतृत्व का वास्तविक अर्थ सेवा करना है।"

अगला व्याख्यान डॉ. पी. राजा का था, जिन्होंने पुडुचेरी के इतिहास को सेलेक्ट फोक टेल्स के माध्यम बताया था। इसके लिए स्थल में राजनिवास लॉन था, ताकि युवाओं को आमंत्रित किया जा सके और लॉन बड़े दर्शकों के लिए जगह प्रदान कर सके। सद्गुरु जग्गी वासुदेव ने राष्ट्र बनाने पर बात की, जया राव ने आध्यात्मिकता पर बात की और मैक्सवेल परेरा ने भीषण तंदूर हत्याकाण्ड पर बात की। इस तरह के लेक्चर, लेक्चर सीरीज का एक हिस्सा रहे हैं और उन्होंने रचनात्मक और उत्पादक तरीके से लोगों को अलग-अलग वर्गों से जोड़ने में मदद की है। उन्होंने मजबूत नेतृत्व प्रथाओं की नींव भी रखी है।

अपने प्रत्येक अधिकारी की क्षमता को देखते हुए, डॉ. बेदी ने उन्हें अपने श्रेष्ठ आचरणों और अनुभवों को साझा करने के लिए, प्रोत्साहित करने का निर्णय लिया, जिससे अन्य अधिकारी उनके बारे में जान सकें। इसलिए उन्होंने राजनिवास लीडरशिप सीरीज शुरू की।

जब अधिकारी बने शिक्षक:

राजनिवास लीडरशिप सीरीज

@TheKiranBedi- RajNivas Leadership series.. आज का दिन सतत विकास लक्ष्यों और पुडुचेरी- द वे फॉरवर्ड पर था। शानदार प्रस्तुति..थैंक यू कैन डू। @AshwaniKumar_92@DrJitendraSingh

13 अप्रैल, 2018

जब कोई नेता टीम के काम में विश्वास करता है, एक साथ चिंतन करने और नेताओं की तरह आचरण करने में और उन्हें टीम लीडर बनने के लिए तैयार करता है, तो वह एक उसी तरह की पहल बनती है जैसे कि राजनिवास लीडरशिप सीरीज बनी। यह, फिर से, डॉ. बेदी के व्यक्तित्व का एक विस्तार है जो पुलिस महकमे में आने से पहले एक शिक्षिका थीं। लेकिन वह कभी भी ऐसी शिक्षिका नहीं बनी जो केवल एक डेस्क के पीछे खड़ी है और एकतरफा क्लास लेती है। वह हमेशा छात्रों को शामिल करती थीं और उन्हें पढ़ाती थीं क्योंकि उनका मानना था कि सीखने का सबसे अच्छा तरीका शिक्षण है और इसलिए उनकी कक्षाएं हमेशा इंटरैक्टिव थीं।

थेवा नीती धस का कहना है, “लीडरशिप सीरीज और लेक्चर सीरीज दोनों डॉ. किरण बेदी के व्यक्तित्व का विस्तार ही हैं जो टीमों से सीखने और उन्हें सिखाने दोनों में विश्वास करती हैं। लीडरशिप सीरीज में वे अधिकारियों को उन विभागों से संबंधित अपनी पसंद का विषय चुनने के लिए प्रोत्साहित करती हैं जो वे नीतियों, नियमों, कमियों

के बारे में बताते हैं और एक तरह से ऐसा करके वे अपने काम को संशोधित करते हैं। जब वे अपनी टीम के सदस्यों के साथ-साथ अन्य विभागों की उपस्थिति में अपना व्याख्यान देते हैं, तो इससे उन्हें उन सर्वोत्तम प्रथाओं को साझा करने में मदद मिलती है जिनका वे उपयोग करते हैं, प्रतिक्रिया प्राप्त करते हैं और अपने काम में सुधार करते हैं। जैसा कि वे कहते हैं, सीखने का सबसे अच्छा तरीका सिखाना है, और यह मंच सीखने और सिखाने का सबसे अच्छा अवसर है।"

नेतृत्व श्रृंखला मूल रूप से सर्वोत्तम प्रथाओं, काम के अनुभवों और निरंतर इनडोर ट्रेनिंग को साझा करने के लिए एक मंच है। यह अधिकतम दक्षता और प्रबल टीम भावना के लिए अपनी व्यावसायिक पूंजी को कौशल प्राप्त करने और पुनः पेश करने के लिए प्रशासन को उन्मुख करता है।

विभिन्न विभागों के अधिकारी इस लीडरशिप सीरीज का हिस्सा रहे हैं। श्री ए. अनबरासु द्वारा पहली बातचीत श्री कैंडेलेवु, श्री जी. श्रीनिवास, जो पूर्व में एलजी के अतिरिक्त सचिव थे और पुडुचेरी में जीएसटी को लागू करने में सहायक थे, ने कुछ नाम दिए।

जी. श्रीनिवास कहते हैं, "लीडरशिप सीरीज राजनिवास, पुडुचेरी में अपनी तरह की पहली पहल है। मैं उत्साहित था, लेकिन जब माननीय उपराज्यपाल ने मुझे सूचित किया कि मुझे लीडरशिप सीरीज के अगले दौर में अपने अनुभव साझा करने चाहिए तो मैं उसी समय तनाव में आ गया। मैंने पुडुचेरी में जीएसटी के कार्यान्वयन और वाणिज्यि कर विभाग में अपनाई जाने वाली कुछ प्रथाओं को गुणवत्ता सेवा प्रदान करने और कर चोरी को रोकने के लिए एक संक्षिप्त प्रस्तुति दी। मुझे लगता है कि साझा करने के अलावा, लीडरशिप सीरीज अनुभवी अधिकारियों द्वारा दिए गए लेक्चर्स से सीखने का एक अवसर है, जो हमारे करियर में प्रगति के लिए बेहद उपयोगी हैं।"

जब राजनिवास के हर हिस्से का इस्तेमाल फिल्म स्क्रीनिंग जैसे कार्यक्रमों के लिए लेक्चर्स देने और यहां तक कि त्योहारों को मनाने के लिए किया जा रहा था, तो फिर रिसेप्शन एरिया को एक आर्ट गैलरी में क्यों नहीं बदला जाए?

कला और संस्कृति की प्रशंसा:

राजनिवास आर्ट और कल्चर सीरीज

Lgov_Puducherry- HLG @thekiranbedi ने एक फोटो प्रदर्शनी के साथ राजनिवास कला और संस्कृति सीरीज को बंद कर दिया। एक प्रदर्शन एस.सुकुमार द्वारा #FIFA#WorldCup2018 के सर्वश्रेष्ठ क्षणों की तस्वीरें थीं। सीरीज आने वाले दिनों में कल्चरल और आर्ट प्रोग्राम्स की एक विस्तृत सीरीज तैयार करेगी।

6 अगस्त, 2018

डॉ. किरण बेदी ने बतौर एलजी कोई भी एवेन्यू नहीं छोड़ा था और उन्होंने आर्ट और कल्चर सीरीज के माध्यम से राजनिवास में आर्ट और कल्चर को बढ़ावा दिया है। यह प्रदर्शन कला, दृश्य कला, ललित कला और कला के अन्य रूपों को बढ़ावा देने के लिए एक पहल है। इसका उद्देश्य पारंपरिक स्थानीय कला और संस्कृति रूपों को बढ़ावा देना और प्रख्यात कलाकारों की कलाकृतियों को दिखाना है।

राजनिवास की लॉबी एक आर्ट गैलरी में तबदील कर दी जाती है, जहाँ विभिन्न कलाकारों की कलाकृतियाँ खूबसूरती से प्रदर्शित की जाती हैं और माननीय लेफ्टिनेंट गवर्नर से मिलने के लिए राजनिवास के दर्शक उनकी एक झलक देखते हैं।

आशा गुप्ता कहती हैं, "आर्ट और कल्चर सीरीज में, इस हेरिटेज बिल्डिंग की गैलरी में रचनात्मक और कला प्रदर्शन के लिए प्रदर्शनी

का बैकड्रॉप्स लगाया जाता। जेल के कैदियों द्वारा बनाई गई पेंटिंग, डॉ. किरण बेदी केपुडुचेरी में निवास के दौरान ली गयी एक हजार दिनों की तस्वीरें और ऑफ कोर्स इस सीरीज में डॉ. किरण बेदी द्वारा ली गई तस्वीरों की एक सीरीज भी शामिल होती थी, इसके अलावा वैदिक चंटिंग, अर्बन फॉरेस्ट्स में वाइल्डलाइफ, आर्ट और कल्चर सीरीज के नौ संस्करण में से कुछ आयाम हैं।"

सीरीज का चौथा संस्करण, बहुत ही विशेष था, उसमें कलापेट आश्रम में कैदियों के सुधार कार्यक्रम के हिस्से के रूप में निर्मित कार्य को शोकेस किया गया था। प्रदर्शनी का शीर्षक 'रिवाइजिंग होप' था और इसमें 21 कलाकृतियों को प्रदर्शित किया गया था। प्रशिक्षण, जो एक सांसारिक गतिविधि के रूप में शुरू हुआ, कैदियों के लिए एक बड़ा प्रोत्साहन बन गया, जिसके बाद उन्होंने अधिकारियों और सीएसआर भागीदारों की सहायता से कुछ शानदार कृतियों को सामने लाया।

अन्य प्रदर्शनियों जैसे कि वाटर-रिच पुडुचेरी, वाइल्ड लाइफ ऑफ अर्बन ट्रेल्स और इसमें माननीय एलजी द्वारा राजनिवास के लॉन में अपने सुबह के व्यायाम के घंटों के दौरान खुद खींची गई तस्वीरों को शामिल करना नहीं भूलना चाहिए, ये सभी राजनिवास आर्ट और कल्चर सीरीज के महान आकर्षण रहे हैं।

यह सीरीज उन प्रमुख पहलों में से एक है, जिसने राजनिवास को पीपुल्स निवास में बदलने में मदद की है।

राजनिवास में सभी त्योहारों को अधिकारियों और मेहमानों के साथ पूरे उत्साह के साथ मनाया जाता है।

घनिष्ठता की भावना: त्योहारों का जश्न

@TheKiranbedi- राजनिवास नए साल की पूर्व संध्या पर राजनिवास परिसर के अंदर आगंतुकों का स्वागत करता है। जैसा कि दिवाली, 26 जनवरी, 15 अगस्त और पोंगल पर हुआ था। 6 बजे के बाद से आगंतुकों की एक स्थिर धारा बह रही है ...हल्के वाद्य संगीत के साथ जैसे फव्वारा भी खेल रहा है। आगंतुक फोटो लेने का आनंद ले रहे हैं...।

31 दिसंबर, 2017

राजनिवास में त्योहार हमेशा बहुत धूम-धाम से मनाए जाते हैं। डॉ. बेदी का मानना है कि हर त्योहार को लोगों के साथ मनाया जाना चाहिए, सबसे पारंपरिक तरीके से मनाने के लिए टीम राजनिवास इन समारोहों को चलाती है। यदि यह पोंगल है, तो एक बैलगाड़ी भी आती है, वयस्कों और बच्चों के लिए रंगोली प्रतियोगिता आयोजित की जाती है, जो मनोरंजन और भोजन परोसने के अलावा बन-ईटिंग की प्रतियोगिताओं में भाग लेती है। क्रिसमस के लिए, सांता क्लॉज आता है और उसके साथ कैरोल्स गाने के लिए एक समूह आता है और आगंतुकों को केक खाने के लिए मिलता है। रमजान के महीने के दौरान, इफ्तार पार्टी आयोजित की जाती है और डॉ. बेदी खुद इस उत्सव का हिस्सा बनती हैं। वह लोगों का स्वागत करती हैं, उनके साथ प्रार्थना

करती हैं और उन्हें भोजन कराती हैं। यहाँ तक कि बसंत पंचमी जैसा त्योहार भी राजनिवास में मनाया जाता है, जब पास के गुरुकुल से बच्चे आते हैं और श्लोक चांट करते हैं।

आशा गुप्ता कहती हैं, "जबकि क्षेत्रीय पोंगल त्योहार राजनिवास बिरादरी के परिवार के सदस्यों के साथ मनाया जाता है, क्रिसमस के लिए विशेष घरों से, ननों, वरिष्ठ नागरिकों और कैरोल अमोद-प्रमोद के लिए बच्चों को आमंत्रित किया गया था। अतीत में राजनिवास में इफ्तेहार करवाने पर असीमित मेहमानों के लिए मांसाहारी भोजन का खर्च, निश्चित रूप से काफी बड़े खर्च का एक हिस्सा था। परिवर्तन की इन हवाओं के साथ, राजनिवास में इफ्तार की शाम प्रार्थना की जाने लगी और प्रतीकात्मक तौर पर व्रत को तोड़ा जाने लगा। जब तक यह आत्मसंयम किया जाता, तब तक शिष्टाचार से अतिथियों की आवभगत की जाती थी।"

स्वतंत्रता दिवस, गणतंत्र दिवस और नए साल की पूर्व संध्या जैसे दिन, शाम को लॉन के चारों ओर लाइट्स को खूबसूरती से जलाया जाता है और आगंतुकों को सुंदरता का आनंद लेने और फोटो लेने की अनुमति दी जाती है। इस तरह से डॉ. किरण बेदी के नेतृत्व में राजनिवास में एकजुटता और बंधुत्व की भावना को बढ़ावा मिल रहा है।

नेतृत्व द्वारा प्रेरित करने पर डॉ. बेदी का विश्वास है और ऐसा करने के लिए उपराज्यपाल के सचिवालय में काम करने के लिए इंटर्न को आने और अनुभव करने की अनुमति देने से बेहतर तरीका और क्या होगा?

सामाजिक नेतृत्व के लिए भविष्य के नेताओं का निर्माण करना: राजनिवास युवा वचनबद्धता कार्यक्रम

> @TheKiranbedi: हम विश्वविद्यालय के छात्रों को प्रशिक्षुओं के रूप में विभिन्न सरकारी विभागों के लिए प्रशिक्षित कर सकते हैं। इसके लिए आवश्यक संवेदनशीलता की जरूरत है... @PMOIndia
>
> 24 अगस्त, 2016

डॉ. किरण बेदी देश और दुनिया के लाखों युवाओं के लिए रोल मॉडल और प्रेरणा रही हैं। और जब वह युवा लीडर बनाने के मकसद के साथ युवाओं के लिए राजनिवास के दरवाजे खोलने का फैसला करती हैं, तो राजनिवास युवा वचनबद्धता कार्यक्रम की तरह एक कार्यक्रम उभरता है।

एक कार्यक्रम जब शुरू हुआ था तब इंटर्न बारी-बारी से आते थे, शायद एक समय में अधिकतम तीन से चार इंटर्न इसका हिस्सा बनते थे, 2019 की गर्मियों में एक पूर्णकालिक युवा वचनबद्धता कार्यक्रम विकसित हुआ, जिसमें 23 इंटर्न थे जो भविष्य के लीडर्स के रूप में तैयार होने के लिए वहां आये थे।

राजनिवास युवा वचनबद्धता कार्यक्रम एक व्यापक विकास कार्यक्रम है जिसका उद्देश्य छात्रों को हमारे गतिशील कार्य वातावरण का अनुभव प्रदान करना है जो उनके शैक्षिक लक्ष्यों को बढ़ाने और उनके कैरियर विकल्पों को आकार देने में मदद करने के लिए जरुरी है।

युवा वचनबद्धता कार्यक्रम के लिए राजनिवास को भारी प्रतिक्रिया मिली। 2019 के ग्रीष्मकालीन इंटर्नशिप कॉल के लिए, कई एप्लिकेशन प्राप्त हुए, सभी इस प्रोडक्टिव इंटर्नशिप में भाग लेने के माध्यम से देश की सेवा करने की मांग कर रहे थे। सभी एप्लिकेशन्स का मूल्यांकन किया गया था और फिर विभिन्न राज्यों और पुडुचेरी के सर्वश्रेष्ठ छात्रों को इसमें भर्ती किया गया।

युवा वचनबद्धता कार्यक्रम का मुख्य फोकस 'You the person, You the professional' पर था। इसमें छात्रों के शिक्षा, अनुभव और रुचियों के अनुरूप मेंटरशिप और प्रशिक्षण के विभिन्न घटक शामिल थे, जो उन्हें व्यक्तिगत और व्यावसायिक जीवन को बनाये रखने और उनमें संतुलन बनाने में मदद कर सकते हैं। इंटर्न के लेक्टर्स से लेकर कुलिनरी सेशंस और एजुकेशनल विजिट्स के साथ-साथ फील्ड विजिट तक, उपराज्यपाल और राजनिवास के अन्य वरिष्ठ टीम सदस्यों की प्रत्यक्ष देखरेख में कार्यक्रम को और छात्रों को विभिन्न प्रोजेक्ट्स से गुजरने के लिए प्रेरित करने के लिए, डिजाइन किया गया था।

इस बारे में डॉ. किरण बेदी का कहना है, "मेरा मानना है कि प्रत्येक सरकारी कार्यालय को ऐसे इंटर्नशिप कार्यक्रमों के लिए अपने दरवाजे खोलने चाहिए, ताकि युवाओं को सरकारी कार्यालयों के कार्य, नीतियों को कैसे बनाया जा सके, इसके लिए एक्सपोजर मिलता है। बदले में, कार्यालय में ताजी हवा लाने वाले युवाओं से नए विचारों को प्राप्त करें जिससे सबको नवीनता मिल सके।"

यह वास्तव में युवाओं के लिए अपने आइकन और रोल मॉडल से आमना-सामना करना गर्व का क्षण है और उनके द्वारा अपना उल्लेख किया जाना सुनना उससे भी ज्यादा शानदार है। "कृपया अपने होने के उद्देश्य की पहचान करें, जिस पंक्ति का उद्देश्य आप अपने लिए चुन रहे हैं और फिर उसके लिए काम करें," वह उन्हें बताती है और व्यक्तिगत रूप से हर कदम पर उनका मार्गदर्शन करती है। प्रेरणादायक विचारों को वीडियो से साझा करने के अलावा उन्हें अलार्म घड़ियों का उपहार भी प्रभावित करेगा क्योंकि सुबह-सुबह वही अलार्म घड़ी उनको बताएगी

कि 'वेक अप स्लीपी हेड्स'। डॉ. बेदी ने इन 23 युवा लड़कियों और लड़कों के दिमाग पर एक स्थायी प्रभाव छोड़ा, जिन्होंने राजनिवास में अपनी समर इटर्निंग बिताई थी।

वास्तव में इन सभी पहलों, चाहे वह विजिटर'स ऑवर हो, फिल्म सीरीज, लेक्चर सीरीज, लीडरशिप सीरीज, इंटर्नशिप्स और आर्ट और कल्चर सीरीज, सभी ने राजनिवास को पीपुल्स निवास या लोक निवास बनने में योगदान दिया है। ओपन हाउस ने भी विश्व निवास बनने में मदद की है। और डॉ. किरण बेदी द्वारा की गई इन पहलों से नेतृत्व के लिए बेहतर उदाहरण नहीं हो सकता है।

प्रबंधन की सीख

जितने अधिक सफल नेता आप बनते हैं उतने ही अधिक यह संभावना बनती हैं कि आप सबके लिए कम सुलभ हो सकेंगे। लेकिन याद रखें कि लोगों की आप तक पहुँच एक उत्कृष्ट नेता होने की कुंजी है। उन लोगों के लिए सुलभ होने के लिए एक केंद्रित प्रयास करें जिनको आपकी आवश्यकता है आप उनके लिए उपलब्ध हों।

- लोगों से मिलने के लिए (सरकारी सेवाओं में अगर शिकायतें सुनने के लिए) अपने कार्यालय में एक निश्चित समय रखें।
- ऐसी गतिविधियों को प्रोत्साहित करें जो आपके कार्यालय के स्थान को अधिक सुलभ बनाएं और भविष्य के नेतृत्व को भी प्रोत्साहित करें।

डॉ. बेदी जी पूरी तरह से फील्ड ओरिएंटेड हैं और समस्या का सामना करने और उसे हल करने में विश्वास करती हैं। कहती हैं, "मैं इस समय राजनिवास के अंदर बैठने के लिए नहीं हूं। इसलिए मुझे जब मौका मिलता है, मैं बाहर निकलती हूं।" उनका हर सप्ताहांत सुबह का निश्चित एजेंडा है।

आरामदेह स्थिति से बाहर आना: वीकेंड मॉर्निंग राउंड्स

नेतृत्व की कीमती सीख

टीम राजनिवास एक नियमित आधार पर ''कम्फर्ट जोन'' से बाहर निकलना जारी रखती है ताकि समाज के अलग-अलग वर्गों को अपनी भूमिकाओं और उपस्थिति का एहसास और महत्त्व देने में सक्षम बनाया जा सके। यह सभी नेतृत्व-जिम्मेदारियों के लिए एक महत्त्वपूर्ण आवश्यकता है।
- डॉ. किरण बेदी

@TheKiranbedi-Mission #GreenPuducherry
'70 वें जन्मदिन के एक भाग के रूप में ग्रीन पुडुचेरी' को आज लॉन्च किया। सुविधा देने के लिए कंगन झील क्षेत्र के निवासियों का धन्यवाद। इसके बाद सभी सप्ताहांत दौरे ग्रीन पुडुचेरी मिशन को बनाए रखने के लिए पेड़ लगाने के लिए समर्पित हैं। आज 9 जून, 2019 को #टीम राजनिवास का 219वां मॉर्निंग राउंड था।

9 जून, 2019

किसी ने सही कहा, "महान चीजें कभी भी कम्फर्ट जोन्स से उत्पन्न नहीं होतीं," और यह कहावत सच है, डॉ. किरण बेदी के नेतृत्व में, टीम राजनिवास ने अपने सप्ताहांत की सुबह को उन क्षेत्रों की यात्रा के लिए समर्पित किया है, जिन पर ध्यान देने की आवश्यकता है।

फील्ड विजिट हमेशा डॉ. किरण बेदी की कार्यशैली का हिस्सा रही हैं, जो एक पुलिस वाले के रूप में भी हमेशा सड़कों पर दिखाई देती थीं। "मैंने उपराज्यपाल के रूप में अपनी जिम्मेदारी के पहले सप्ताह के अंत से अपने सप्ताहांत सुबह के दौर की शुरुआत की। मेरा पहला दौरा अपने निर्वाचन क्षेत्र के माननीय स्पीकर की शिकायत के बदले के रूप में किया गया था जो कि चोक हुई नालियों से सम्बन्धित था। और वह इस सम्बंध में मुझसे मिलवाने के लिए निवासी प्रतिनिधिमंडल भी ले आये। वे एक समाधान चाहते थे। उनके अनुरोध पर मैं आवासीय कॉलोनी में गयी और मुझे वहां बहुत बड़े और कठोर हस्तक्षेप करने की आवश्यकता लगी। फील्ड विजिट के लिए दूसरा अनुरोध विधायक श्री लक्ष्मी नारायण से ग्रांड कैनाल सफाई के लिए आया। मैं भी उनके साथ गयी और मैंने देखा कि स्थिति बहुत खराब थी। इससे साफ था कि जमीन पर वास्तविकता काफी भिन्न हो सकती है। मुझे लगा कि चीजों को तेजी से सुधारने के लिए मुझे कम्फर्ट जोन से बाहर निकलना होगा और नियमित फील्ड विजिट करनी होगी। मैंने सप्ताहांत की सुबह को चुना क्योंकि यह मेरा अपना समय है और इस समय में काम गति से भी होता है। इससे कार्यालय का काम छूटता नहीं है।" डॉ. किरण बेदी कहती हैं, जिन्होंने हर सप्ताहांत में इन विजिट का नेतृत्व किया है। कभी-कभी वे साइकिल पर निकलतीं, कभी-कभी पूरी टीम के साथ कार या बस से भी विजिट करतीं। उनकी यात्रा वास्तव में गेम चेंजर रही है। पुडुचेरी की झीलों को पुनर्जीवित करने के लिए पुडुचेरी को जल समृद्ध बनाने में मदद करने से लेकर हेलमेट और स्वच्छ साइकिल रैलियों से जागरूकता पैदा करने तक, उनके ये सप्ताहांत दौरे बहुत प्रभावशाली रहे हैं और पुडुचेरी के प्रशासनिक इतिहास में उनको हमेशा याद किया जाएगा।

“ये वीकेंड राउंड ओपन हाउस में प्राप्त शिकायतों या ईमेल और अन्य सोशल मीडिया के माध्यम से या कभी-कभी समाचार आइटम के माध्यम से प्राप्त होने वाली शिकायतों का भी एक हिस्सा है। उनका एडीसी क्षेत्र के विधायक को यात्रा के बारे में सूचित करता है और फिर टीम इन सप्ताहांत दौरों पर मैडम के साथ जाती है। मौके का दौरा किया जाता है, समस्या को देखा जाता है, मूल्यांकन किया जाता है, समाधान की मांग की जाती है और संबंधित विभागों को तुरंत कार्रवाई करने के लिए सूचित किया जाता है।” थेवा नीति धस के मुताबिक, इन वीकेंड राउंड्स के दौरान की गई कार्रवाई की जांच के लिए फॉलो अप भी किया जाता है।

अक्टूबर, 2019 तक टीम ने लगभग 234 सप्ताहांत के दौरे किए हैं और वे वेलरामपेट झील, कंगन झील, ओससुडू झील जैसी झीलों को पुनर्जीवित करने में सफल रहे हैं; चोक हुए पानी के चैनल, नहरों और नालियों को उखाड़ा और साफ किया गया है; समुद्र तट को आंशिक रूप से पुनर्जीवित किया गया है और गांवों का दौरा किया गया है। इन दौरों ने डॉ. किरण बेदी और उनकी टीम को शहर में स्वच्छता के मुद्दों का जायजा लेने में मदद की और उन्हें एक स्वच्छ पुडुचेरी की ओर काम करने में मदद की।

“सप्ताहांत के दौरे को आम आदमी की जरूरतों को जानने और उनको पूरा करने के लिए जमीनी स्तर पर लोगों तक पहुँचने की एक पहल के रूप में परिभाषित किया जा सकता है। लोग माननीय उपराज्यपाल की विजिट को लेकर उत्साहित होते हैं, क्योंकि उनकी बेहतरी करने वाला परिवर्तन उनको सामने दिखता है जब उनकी शिकायतों को तेजी से दूर किया जाता है।” जी. श्रीनिवास कहते हैं। जो एलजी के पूर्व अतिरिक्त सचिव थे, और उनके साथ अधिकांश सप्ताहांत के दौरों में गए थे।

अपने 70वें जन्मदिन पर डॉ. किरण बेदी ने घोषणा की कि अब से उनका सप्ताहांत राउंड पुडुचेरी को ग्रीन पुडुचेरी बनाने की ओर होगा और हर सप्ताहांत वह रिवर बेड और सार्वजनिक स्थानों पर पौधे

लगाएंगी। समाज के सभी क्षेत्रों के लोगों को पेड़ लगाने के लिए इस राउंड में शामिल होने का स्वागत किया गया, बशर्ते वे अपने बीज और पौधे अपने साथ लाएं। उन्होंने कंगन झील के किनारे एक पौधा लगाकर इस ग्रीन पुडुचेरी मिशन की शुरुआत की।

आर श्रीधरन कहते हैं, "ये सप्ताहांत दौरा निश्चित रूप से एक आंख खोलने वाला और गेम चेंजर रहा है, लेकिन अगर हमें एक स्वागत योग्य निर्वाचित सरकार मिली होती तो हमारे लिए वह ज्यादा फायदेमंद होती। यहां के लोग हमेशा से एक प्रोएक्टिव गवर्नर चाहते हैं और उनके साथ वीकेंड का ये दौर सीखने का एक बेहतरीन अनुभव और संजोने वाला खजाना रहा है। हालाँकि, राजनीतिक झगड़े रास्ते में आ रहे हैं, लेकिन मैडम ने उन्हें इन सप्ताहांत दौरों पर जाने से रोकने की अनुमति नहीं दी है।"

डॉ. किरण बेदी का कहना है, "बाहर जाने के लिए और स्वयं समस्या को देखने के लिए जब हम नेता सड़कों पर चलना / बाइक चलाना शुरू करते हैं, तो मुद्दे स्वत: ही भाग लेने लगते हैं। यही कारण है कि कम्फर्ट जोन से बाहर निकलना महत्त्वपूर्ण है।"

वह जहां भी गई, उन्होंने कभी भी वीकेंड राउंड मिस नहीं किया। उन्होंने रैली फॉर रिवर्स के लिए चंडीगढ़ में और करायकल में साइकिल चलाई, जहां उन्होंने वहां की स्थिति का जायजा लेने के लिए एक हफ्ते तक डेरा डाला। उन्होंने तब भी सुर्खियाँ बटोरीं जब परिसर की जाँच के लिए एक इमारत की दीवार की पैमाइश करवाई थी।

"25 वर्षों के बाद मैंने मैडम के साथ सप्ताहांत के दौरे पर साइकिल चलाई। मैं कुछ महीने पहले ही उनकी टीम में शामिल हुआ था और उनके साथ काम करना इतना कुछ सीखने का अनुभव रहा है, कि बता नहीं सकता। उनकी ऊर्जा का स्तर एक तरह से संक्रामक है और जिस तरह से वह सबसे छोटी उपलब्धियों की सराहना करती हैं, वह प्रशंसा और अनुकरण के लायक है।" एस.डी. सुंदरसेन, एलजी के अतिरिक्त सचिव कहते हैं।

इन सप्ताहांत दौरों ने अधिकारियों में और मुद्दों को हल करने की सरकार की क्षमता में जनता का विश्वास बढ़ाने में मदद की है।

प्रबंधन की सीख

सीखने का सबसे महत्त्वपूर्ण क्षण फील्ड ट्रिप को माना जाता है और जब कोई नेता नियमित फील्ड ट्रिप करता है, तो वह लोगों को अधिक दिखाई देता है और इसके परिणाम सकारात्मक होते हैं। सभी सरकारी अधिकारियों को फील्ड विजिट के लिए निश्चित समय होना चाहिए। उन्हें सड़कों और गाँवों में शिकायतों को सुनने के लिए उपस्थित होना चाहिए।

एक दयालु नेता अपने साथियों और कनिष्ठों को सीखने और सीखाने में विश्वास करता है। डॉ. बेदी के साथ भी ऐसा ही था, जिन्होंने पुडुचेरी प्रशासन के कामकाज में सुधार के लिए बैठकों और विभाग के दौरे का एक पैटर्न विकसित किया।

परामर्श, आत्म-मूल्यांकन और समीक्षा

नेतृत्व की कीमती सीख

एक नेता लगातार प्रभावित करता है। हर कोई देखता है कि वह किस तरह से आगे बढ़ता है। कैसे नेता व्यक्तिगत और पेशेवर जिम्मेदारियों में मूल्य प्रणालियों के माध्यम से खुद को व्यक्त करता है। नियमित कोर्स पर बने रहने वाले नेता नियमित रूप से सेल्फ–ऑडिट करते हैं। एक ऑडिट समझौता करने या गलत के सामने घुटने टेकने या अपर्याप्तता देने के बदले आत्म–सुधार की ओर ले जाता है। – डॉ. किरण बेदी

व्यक्तिगत मीटिंग

@TheKiranBedi:

डायरेक्टर एनवायरनमेंट साइंस एंड टेक एंड कॉप सोसायटीज के साथ वन ऑन वन मीटिंग। आज सितम्बर, 2019 को वह अपनी पहली मीटिंग की तुलना में काफी सुधरी हुई दिखायी दीं। अपने योगदान के मूल्य का एहसास करने के लिए उनकी सराहना की और कहा, ''हमें अपने कैरियर की शुरुआत इस तरह से करने की आवश्यकता थी।''

19 अक्टूबर, 2018

अत्यंत समृद्ध कार्य अनुभव के साथ एक नेता होने और दिल में एक प्रशिक्षक होने के नाते, डॉ. किरण बेदी ने बेहतर प्रदर्शन करने के लिए अधिकारियों को सलाह देने, प्रशिक्षण देने, उन्मुख करने और प्रेरित करने के कार्य पर काम किया। इस तरह उन्होंने व्यक्तिगत मीटिंग्स की अवधारणा को विकसित किया, जहां वे हर सुबह 9 बजे किसी विशेष विभाग के प्रमुख अधिकारी से मिलती और उनकी कार्यशैली को समझने की कोशिश करती, वे जिन मुद्दों का सामना कर रहे थे और वे उन्हें सुधारने के लिए मार्गदर्शन देती ताकि उनके विभाग बेहतर प्रदर्शन कर सकें।

थेवा नीती धस कहती है, "इन व्यक्तिगत मीटिंग्स ने अधिकारियों को उन मुद्दों को खुलकर, व्यक्त करने में मदद की जिनका वे सामना

कर रहे थे, और जिनको वे एक जॉइंट मीटिंग में व्यक्त करने में सक्षम नहीं थे। मैडम उन्हें बेहतरीन काम के अनुभव के आधार पर मार्गदर्शन करती हैं और उन्हें बेहतर टीम लीडर बनने में मदद करने के लिए अपने समय और कार्यालय का उपयोग करती हैं।"

ब्रीफिंग के दौरान मेंटरिंग, स्टेयरिंग और हैंड होल्डिंग ने शिकायत निवारण, विभागीय नीतियों, मानक संचालन प्रक्रियाओं की रूपरेखा तैयार करने, फील्ड दौरों के महत्त्व को समझने, अधीनस्थ कर्मचारियों से जुड़ने, अनुवर्ती बैठकों के संचालन और शेड्यूलिंग करने में ओपन हाउस सेशंस ने मदद की है।

डॉ. किरण बेदी ने न केवल अधिकारियों को सलाह देने के लिए, बल्कि अपने संबंधित विभागों में उनके द्वारा पालन किये जाने वाले अच्छे आचरण से सीखने के लिए भी इस मंच का उपयोग किया।

जब उन्होंने राजनिवास में व्यक्तिगत मीटिंग्स कीं, तो डॉ. बेदी को अपने कामकाज को बेहतर तरीके से समझने के लिए इन विभागों का दौरा करने की आवश्यकता महसूस हुई। इसलिए वह हर सुबह 9 बजे एक विभाग में जाती थी ताकि सभी में परिवर्तन ला सकें।

शपथ ग्रहण समारोह में उपराज्यपाल

विधायकों को शपथ ग्रहण

मासिक विचार-विमर्श सचिवों के साथ 'मासिक ब्रीफिंग'

मुख्य सचिव के साथ विचार-विमर्श

प्रातः 10:00 बजे मिटिंग सभा

कानून सचिव से विचार-विमर्श

विभागों का निरीक्षण

जनता से मुलाकात

प्रातः 10:00 बजे कार्यकारिणी सभा के साथ

फिल्म सीरीज़

लीडरशिप सीरीज़

सद्‌गुरु के भाषण में

डॉ. मारियाजीना जॉनसन के भाषण के दौरान

उत्साहवर्धन

इफतार पार्टी में

पोंगल उत्सव में

फ्रंट रनर एवार्ड

आत्म निरीक्षण के क्षण

राजनिवास में क्लास आत्मरक्षा

राजनिवास में सफाई सेवकों को धन्यवाद देते हुए

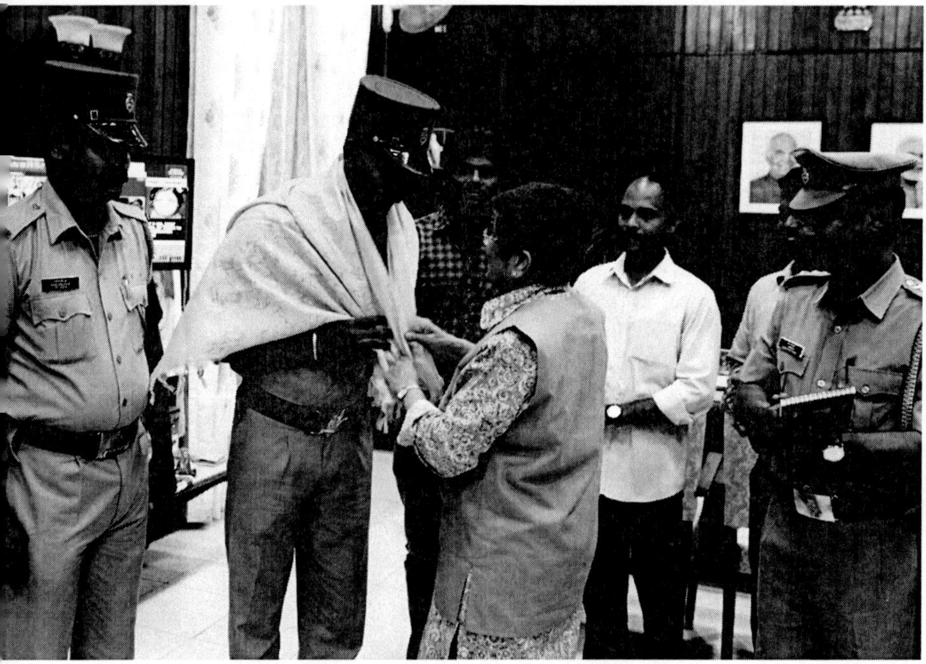

साप्ताहिक एवार्ड यातायात पैनलटी दाताओं को

पुडुचेरी को पानी में आत्मनिर्भरता के लिए बस में संवाद

स्वच्छ साइकिल रैली

पानी शोध का मार्ग

स्वच्छता सेवकों को शॉल ओढ़ा कर स्वागत

महिला लीडर्स के साथ सम्पर्क

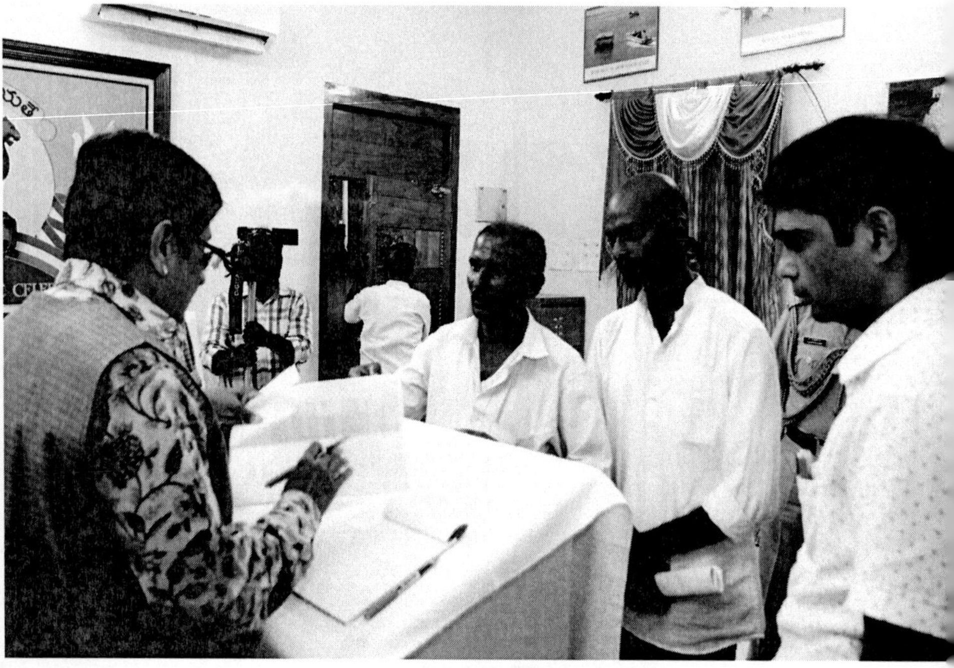

यनम खुला मंच

यनम स्कूल में विजिट

महिला लीडर्स को सम्बोधित करते हुए

आत्म निरीक्षण के क्षण

ग्रीन पुडुचेरी मिशन

सीखना और मार्गदर्शन देना: विभागों के क्षेत्र का दौरा

@TheKiranBedi- आज सुबह श्रम विभाग के कार्यालय का दौरा था। उन्हें तकनीक का बेहतर इस्तेमाल करते देखा गया। आगे की प्रगति के लिए सहायता पाने वाले क्षेत्रों को पहचाना गया, ताकि आंतरिक समन्वय में सुधार करके काम करने में आसानी हो। रिफ्रेश / अपग्रेड करने में मदद करने के लिए वे 16 फरवरी को एक सेल्फ इवैल्यूएशन परीक्षण करेंगे।

25 जनवरी, 2019

डॉ. किरण बेदी ने अपने कार्यालय में अधिकारियों के साथ व्यक्तिगत मीटिंग्स के बाद, शोध कार्यालयों का दौरा शुरू करने का फैसला किया, ताकि वे पूरी टीम के साथ बातचीत कर सकें, अपने कार्यालय का सेट-अप देख सकें, कि वे कैसे काम कर रहे थे और वे उन्हें मार्गदर्शन दे सकती हैं कि कैसे उनके काम में सुधार आ पाए।

प्रात: 9:30 बजे वह अपनी टीम के साथ राजनिवास से प्रस्थान करती हैं और एक विभाग का दौरा करने के लिए पर्याप्त समय देते हुए यह समझने की कोशिश करती हैं कि वहां कैसे काम हुआ। "मैडम की शुरुआत हमेशा आपके पास क्या है? से होती है। अपने निरीक्षण के दौरान वह विभागों को प्रोत्साहित करती हैं और मार्गदर्शन करती हैं कि जो भी संसाधन उनके पास हैं, वे उनके ही साथ बेहतर प्रदर्शन कैसे कर सकते हैं।" आर. श्रीधर ने मुझे बताया था।

इन विजिट्स ने हाइअरार्कीस को पाटने में मदद की, कार्य पद्धति के

व्यावहारिक पहलुओं के अंदर झाँकने की दृष्टि दी और संबंधित विभागों में काम कर रहे सहायक कर्मचारियों और वातावरण के बीच और स्पष्टता दी। इन विजिट्स ने लंबित इंटर-डिपार्टमेंटल इश्यूज को सिंक्रोनाइज करने के लिए प्लेटफार्मों के रूप में भी काम किया। सेवाओं के बेहतर वितरण के लिए टेक्नोलॉजी का उपयोग करने पर प्रोत्साहन दिया जाता था।

इन क्षेत्रों के फील्ड विजिट्स ने डॉ. किरण बेदी को विभागों में अंतिम पंक्ति के कर्मचारियों के साथ जुड़ने में मदद की और कई उदाहरणों में वे जनता से भी जुड़ीं, जो काम पाने के लिए उनके कार्यालय से जुड़े थे, जैसे कि लाइसेंस के लिए परिवहन विभाग का दौरा करने वाले लोग, यह समझने के लिए दौरा करते कि वे कौन सी समस्याएं हैं जिनका उनको सामना करना पड़ रहा है।

निरीक्षण से वापस आने पर डॉ. बेदी अपने निरीक्षण नोटों को रिकॉर्ड करती हैं और उनकी अगली बैठक में शामिल होने से पहले उन्हें संबंधित ग्रुप्स के साथ साझा करती हैं। विभागों की विजिट्स और निरीक्षण के बाद बनाये गए नोट्स उनके द्वारा दी गयी प्रबंधन की सीख कहे जाने के योग्य हैं।

यहाँ श्रम विभाग का दौरा करने पर निरीक्षण के बाद उनके द्वारा लिखा गया एक विवरण उल्लेखित है।

> आज सुबह साइट पर श्रम विभाग की ऑफिस विजिट थी। यह विभाग रोजगार विनिमय, कौशल विकास, श्रम मुद्दों, कारखानों के निरीक्षण, बॉयलरों और दुकानों और इस्टैब्लिशमेंट के मुद्दों से संबंधित है।
>
> श्री ई. वल्लवन के नेतृत्व में कई क्षेत्रों में यह दौरा बहुत ही आश्वस्त करने वाला था। भविष्य में समयबद्ध तरीके से आगे बढ़ाने के लिए प्रौद्योगिकी के उपयोग को भविष्य की योजनाओं के साथ बहुत गतिशील देखा गया था। श्रम अधिकारियों, निरीक्षकों और स्वास्थ्य अधिकारियों के स्टाफ के साथ विचार-विमर्श ने व्यवसाय, कौशल विकास और रोजगार सृजन में आसानी प्रदान करने के लिए आगे के निर्णय के लिए निम्नलिखित निर्णय लिए।

- पसंदीदा कौशल के डेटा को कैप्चर करने के लिए रोजगार विनिमय प्रपत्र को संशोधित किया जाना चाहिए और रोजगार और कौशल विकास के लिए फोकस क्षेत्रों को जानने के लिए जॉब ओरिएंटेशन का विकल्प होना चाहिए।
- उम्मीदवारों द्वारा यदि कोई इंटर्नशिप या स्वैच्छिक सेवायें की गयी हों तो वह भी फॉर्म विकल्पों में भी शामिल किये जाने चाहिए।
- श्रम विभाग के लिए किसी स्वैच्छिक सेवा के लिए आवेदकों की इच्छानुसार कारखानों / गैर सरकारी संगठनों और संस्थानों के नाम प्रायोजित किये जाने चाहिए।
- विभाग अपने कार्य के प्रत्येक क्षेत्र और लाइन विभागों की भूमिकाओं की एक व्यापक प्रस्तुति तैयार करेगा, जिन्हें पुडुचेरी में व्यापार करने के लिए मिलजुल कर सहजता से काम करने की आवश्यकता है।
- विभाग विनिमय कार्यालय जाने वाले व्यक्तियों की जानकारी और मार्गदर्शन के लिए रोलैंड लाइब्रेरी के साथ अपने अध्ययन कक्ष को लिंक करेगा, जिसकी सुविधा पहले से मौजूद है।
- उनके कार्यों के लिए लागू कानूनों और कृत्यों पर उनका सेल्फ-इवैल्यूएशन टेस्ट, 23 फरवरी को सुबह 9 बजे राजनिवास में आयोजित किया जाएगा। इससे उन्हें अपने कानूनी और कार्यात्मक ज्ञान को ताजा करने में मदद मिलेगी।

जैसा कि उन्होंने अपने द्वारा देखे जाने वाले विभागों में अधिकारियों के साथ बातचीत की, उन्होंने देखा कि इन अधिकारियों को न केवल अपनी स्वयं की ताकत और कमजोरी को समझने के लिए, बल्कि जिन विभागों में वे काम कर रहे हैं उनके बारे में अधिक पढ़ने और जानने के लिए भी सेल्फ-इवैल्यूएशन टेस्ट्स करना कितना महत्त्वपूर्ण है।

अपनी क्षमता की खोज

स्व-मूल्यांकन परीक्षण

@TheKiranBedi: संबंधित विभागों के प्रमुख अधिकारियों के लिए स्व-मूल्यांकन परीक्षण का अभ्यास उत्पादक साबित हो रहा है। यह प्रोत्साहित कर रहा है और इस आदत को टीम के मन में बैठा रहा है + स्वयं अभ्यास।

26 फरवरी, 2019

जब डॉ. किरण बेदी ने समाज कल्याण विभाग का दौरा किया और कर्मचारियों के साथ बातचीत की, तो उन्होंने इस बात पर ध्यान नहीं दिया कि अधिकांश स्टाफ को उन मुद्दों के बारे में कानूनों की जानकारी नहीं थी जिनसे वे निपट रहे थे। यह तब था जब उन्होंने स्व-मूल्यांकन परीक्षणों का अभ्यास शुरू करने का फैसला किया और उन्हें बताया कि वह दो सप्ताह बाद वापस आएगी और उन्हें एक टेस्ट देगी। उन सभी को अपने विभागों से संबंधित सभी कानूनों के बारे में पढ़ना चाहिए और टेस्ट देने के लिए तैयार रहना चाहिए।

इस प्रकार से सार्वजनिक सेवाओं के वितरण में सुधार के लिए सभी विभागों के अधिकारियों के लिए स्व-मूल्यांकन की प्रणाली विकसित हुई। जल्द ही वह इन टेस्ट्स को राजनिवास के दरबार हॉल में करने लगी। सुबह की शुरुआत अनौपचारिक नाश्ते के साथ होती, उसके बाद टेस्ट होता।

इन-हाउस इवैल्यूएशन मॉडल्स का उद्देश्य रिफ्रेश करने के साथ-साथ कानूनों, संशोधनों, निर्देशों और आदेशों की नवीनतम व्याख्या पर ज्ञान को अपडेट करना है। मॉड्यूल में तीन खंड शामिल थे, पहला खंड अधिकारी का व्यक्तिगत विवरण, दूसरा विषय-आधारित प्रश्नावली और तीसरा प्रत्येक व्यक्ति द्वारा जो SWOT एनालिसिस किया जा रहा था, उसका विवरण। डॉ. किरण बेदी का संचालन करने में सहायक रहे आर. श्रीधर कहते हैं, "इस पहल से अधिकारियों को अपने ज्ञान को बेहतर बनाने में मदद मिलती है, इससे उन्हें और अधिक पढ़ने के लिए प्रोत्साहित किया जाता है और वे इन परीक्षणों की सराहना करते हैं।"

इस पहल को काफी राजनीतिक विरोध का सामना करना पड़ा। लेकिन डॉ. बेदी अपनी बातों पर अडिग रहीं और परीक्षण बिना किसी बाधा के चलते रहे। "नियमित और मध्य-कैरियर प्रशिक्षण की कमी के कारण, अधिकारियों को नियमों, विनियमों और प्रक्रियाओं के बारे में अपडेट ज्ञान का अभाव है। एलजी के सचिवालय ने लगातार कर्मचारियों और अधिकारियों को नियमित प्रशिक्षण की व्यवस्था करने के लिए सरकार और विभाग के प्रमुखों को, सचिवों को सलाह दी है। शुक्र है कि स्व-अध्ययन के आधार पर परीक्षण से गुजरने वाले अधिकारियों की प्रतिक्रिया बहुत सकारात्मक है। उन्होंने कहा है कि उन्होंने अधिक आत्मविश्वास महसूस किया है। यह निरंतर प्रयासों की आवश्यकता को रेखांकित करता है।" डॉ. बेदी ने कहा और यह भी दोहराया कि एलजी, प्रशासक के रूप में, यह सुनिश्चित करने के लिए पूरी तरह से सक्षम थे कि इस तरह के प्रशिक्षण कार्यक्रम कानूनी प्रावधानों के अनुसार ठीक से किए जाते हैं।

रिव्यू मीटिंग्स हमेशा डॉ. बेदी की लंबे समय तक कार्य करने की शैली का हिस्सा रही हैं, इसलिए साप्ताहिक और मासिक समीक्षा बैठकें उनके रिव्यू वर्क में मदद करती हैं और सप्ताह और महीने के लिए लक्ष्य निर्धारित करती हैं।

स्व-मूल्यांकन परीक्षण: साप्ताहिक और मासिक समीक्षा

@TheKiranBedi: विभाग हर मासिक रिव्यू के साथ पुडुचेरी को बेहतर और अधिक सेवा देने के लिए अपने प्रदर्शन दिखाने में और भी तेज हो जाते हैं।

6 दिसंबर, 2018

डॉ. किरण बेदी का काम पुडुचेरी में प्रशासनिक सेट अप में कम्युनिकेशन करना, नेटवर्किंग करना, रिव्यू करना और फॉलो अप करना है। उनकी मुख्य सचिव के साथ साप्ताहिक समीक्षा बैठक होती है, जहां वह उनके साथ सप्ताह के सभी मुद्दों पर चर्चा करती हैं और भारत सरकार और पुडुचेरी सरकार के बीच हुए सभी पत्राचार पर भी नजर रखती हैं। मुख्य सचिव उनको पेंडिंग फाइलों की रिपोर्ट भी देते हैं ताकि एलजी का कार्यालय उन फाइलों को ट्रैक करके पुनर्प्राप्त कर सके जो ओवरड्यू हैं।

मासिक रिव्यू मीटिंग्स में सभी सचिव और विभागों के प्रमुख शामिल होते हैं। मीटिंग के दौरान वे इंटर डिपार्टमेंट परफॉरमेंस का मूल्यांकन करते हैं, उन मुद्दों की पहचान करते हैं जिन्हें तत्काल हल करने की आवश्यकता होती है, इसके लिए आने वाले महीने के लिए लक्ष्य निर्धारित किये जाते हैं और नीतिगत मामलों पर भी चर्चा की जाती है। सभी के विचारों के एकत्र रूप में, मासिक रिव्यू व्यावहारिक, प्रशासनिक समाधानों से निपटने के लिए अच्छी तरह मार्ग सुझाती हैं।

डॉ. बेदी ने विभागों को और अधिक तकनीकी समझ रखने और

डैश बोर्ड रिव्यू का उपयोग करने के लिए प्रोत्साहित किया। यहाँ एक ब्लॉग है जो उन्होंने डैश बोर्ड रिव्यू के बारे में लिखा है, जिसे पढ़ कर टीम इस प्रणाली का बेहतर उपयोग करना समझ सकती है।

डैश बोर्ड क्या है? और यह प्रशासनिक दक्षता को कैसे बढ़ाता है? आइये इसे हम समझें।

चूंकि निर्णय और नीति निर्माताओं द्वारा इसका उपयोग करने से उनको प्रशासनिक विभागों (सुरक्षा से समझौता किए बिना) की सभी आवश्यक जानकारी मिलती है। यह बिना किसी अतिरिक्त लागत के, कागजी काम को कम करता है।

यह अपनी सार्वजनिक सेवाओं में खुलेपन, गति और ईमानदारी को बढ़ाता है। इसलिए किसी भी प्रशासन के लिए यह आवश्यक है कि वह इसका पालन करे। कंप्यूटर की तरह, यह भी अब कुशल और समन्वित प्रशासन के लिए आवश्यक है।

डैश बोर्ड एक कंप्यूटर की स्क्रीन पर जानकारी की तरह है जिसे कोई भी देख सकता है, अगर परिणाम या उद्देश्यों के लिए विश्लेषण मिले, तो इसका उपयोग किया जाता है।

जैसे शिकायत निवारण निपटान, मुख्य कारण और प्रभावित क्षेत्र, राजस्व का बकाया, कौन-सा विभाग कितना संग्रह कर रहा है, कौन-सा क्षेत्र किस पर ध्यान केंद्रित करने पर प्रभावित होता है, कौन-सी योजनाओं पर खर्च किया जाता है, इन सबके माध्यम से हम विभागों के प्रदर्शन का और उनके प्रभाव का आकलन कर सकते हैं, जो वित्तीय और प्रशासनिक होने के नाते किया जाता है, इसलिए यह कुशल प्रशासन को समझने

और बढ़ावा देने के लिए और सूचना को समझ कर सुशासन करने का सिर्फ एक विश्लेषण उपकरण है।

हालाँकि पहले से ही पुडुचेरी में हमारे कुछ मौजूदा डिपो द्व ारा इसका उपयोग किया जा रहा था, लेकिन वर्तमान में यह एक अलग तरीके से काम में लाया जा रहा है जैसे कि शिकायत निवारण करना, नागरिक आपूर्ति करना, स्वास्थ्य योजनाएं बहाल करना और भी ऐसा बहुत कुछ इससे किया जा सकता है।

राजनिवास में आयोजित मासिक सेक्रेटरीज मीटिंग में लेफ्टिनेंट गवर्नमेण्ट कार्यालय पहले से ही इसका उपयोग कर रहा है।

हालांकि, पुडुचेरी प्रशासन को लाभ के लिए समग्र रूप से, सभी प्रमुख विभागों के बीच एकीकरण की आवश्यकता है। (अपनी खुद की जानकारी पर नियंत्रण खोए बिना।)

यह टकराव और विश्लेषण कुशलतापूर्वक सभी विभागों के लिए समय लेने वाले कागजी काम की जगह लेता है और आसान विश्लेषण द्वारा समय बचाता है।

यह किसी भी तरह से किसी की प्रशासनिक शक्तियों या पदों को नहीं छीनता है। सूचनाओं का उपयोग सभी अधिकारियों के पास रहता है। यह प्रक्रिया कारणों से नीति फाइलों पर वापस जाता है।

इस प्रकार से यह हर आधिकारिक प्रभारी के विश्लेषण और प्रदर्शन क्षमता को बढ़ाता है।

पासवर्ड संबंधित सचिव द्वारा तय किए गए नेतृत्व के पास होना चाहिए।

एक बार जब यह सही परिप्रेक्ष्य में समझ में आता है तो इसके उपयोग में कोई संदेह नहीं होगा।

वास्तव में, यह सूचना का अधिकार अधिनियम 4 को लागू करता है, जो पत्र में और भावना द्वारा कानूनी तौर पर अनिवार्य है।

जिसका अर्थ है बिना मांगे लोगों को खुद ही जानकारी देना।

उदाहरण के लिए, फाइल ट्रैकिंग डैश बोर्ड का हिस्सा हो सकता है।

विभागों के अधिकारी जान सकते हैं कि उनकी कार्यालय की फाइल कहां है।

निडरता डॉ. बेदी का पर्याय है और वह लोगों को आश्चर्यचकित करने में विश्वास रखती हैं। पुडुचेरी के लोगों की सुरक्षा पर ध्यान देने के लिए उनके औचक गुप्त दौरे उनकी दयालुता और चिंता का प्रतिबिंब रहे हैं।

सत्य की पुष्टि करना

औचक/गोपनीय दौरे

@TheKiranBedi: नाईट राउंड से अभी वापसी हुई। स्कूटी की पिछली सीट पर सवारी थी। अनुभव हुआ पांडिचेरी रात में भी महिलाओं के लिए सुरक्षित है। ऐसा दौरा फिर दोहराया जायेगा।

19 अगस्त, 2017

मुझे वह दिन याद है जब मैंने समाचार चैनलों में यह देखा था कि डॉ. किरण बेदी महिलाओं की सुरक्षा की जांच करने के लिए बाइक पर पुडुचेरी में एक गुप्त दौरे पर गई थीं। हर कोई सोचता था कि एक गवर्नर को ऐसे दौरे के लिए बाहर क्यों निकलना पड़ा? वह भी इतनी रात को दोपहिया वाहन पर। लेकिन यह डॉ. किरण बेदी की उचित सार्वजनिक प्रशासन सुनिश्चित करने की प्रतिबद्धता है और एक गुप्त जांच विजिट या सरप्राइज विजिट करने की तुलना में रियलिटी चेक करने का इससे बेहतर तरीका क्या हो सकता है?

"हमारे पास हमेशा ट्रैफिक शिकायतें होती हैं और जब मैडम इस तरह के औचक निरीक्षण और गुप्त जांच करती हैं, तो हमें वास्तविकता देखने को मिलती है। बदले में, इसने पुलिसिंग को और अधिक विजिबल बनाने में मदद की है, यातायात नियमों को और अधिक कठोर बना दिया है और स्वच्छता के मुद्दों के मामले में, इसने लोगों को कचरा निपटान के बारे में अधिक जागरूक और सावधान कर दिया

है।" एस. कार्थिगयन, एलजी के एडीसी ने इस सम्बन्ध में कहा जो इन सभी दौरों में डॉ. बेदी के साथ रहे हैं।

चाहे उन्होंने किसी पुलिस स्टेशन का औचक दौरा किया हो, या यह देखने के लिए अपनी कार से उतरी हों कि कितने लोग हेलमेट पहने हुए थे और उन्हें अनजाने में पकड़ लिया था या फिर आधी रात को कम्पट्रोलर आशा गुप्ता के साथ बाइक राउंड पर गयी हों, हर यात्रा उनके लिए एक रहस्योद्घाटन रही है और इसने उनको यह समझने में मदद की है कि तत्काल भाग लेने की क्यों जरूरत है? जब सड़क के किनारे धूम्रपान करने वाले लोगों के वीडियो के साथ एलजी ट्रैफिक स्थिति पर एक गुप्त जांच से वापस लौटीं, तो उनको सिग्नल्स विज्ञापनों के साथ पटे हुए दिखाई दिए और अधिकांश लोग हेलमेट नहीं पहने दिखाई दिए, इसके बाद उन्होंने पुलिस विभाग को तुरंत हाई अलर्ट पर रखा और इस पर काम भी हुआ क्योंकि मैडम फिर से कब राउंड पर निकल जाएँ, ये वे नहीं जानते थे।

और वह सुबह कौन भूल सकता है जब वह समुद्र तट पर टहल रही थीं। उन्होंने वहां गंदगी देखी और उन्होंने तुरंत दस्ताने लाने के लिए कहा और फिर दस्ताने पहन कर उन्होंने वहां सफाई शुरू कर दी। कुछ ही समय में स्वच्छ्ता कार्यकर्ता और अन्य स्वयंसेवक उनके साथ हो गए और समुद्र तट की सफाई की गई।

एक अच्छे सार्वजनिक प्रशासन प्रदान करने वाली प्रतिबद्ध टीम के ऐसे बहुत से आश्चर्यचकित करने वाले / गुप्त दौरे और कार्य हैं।

आधी रात के गुप्त दौरे पर उनके ब्लॉग का एक अंश

सुरक्षा से लेकर स्वच्छता तक

अर्धरात्रि को एक गुप्त दौरे # सुरक्षा राउंड से लेकर सुबह 6 बजे तक सप्ताहांत # स्वच्छ राउंड, में पुडुचेरी को रात में यथोचित सुरक्षित पाया गया। लेकिन इसमें सुधार की गुंजाईश है।

साथ ही लोगों से पीसीटी, 100 से जुड़ने और अपनी चिंताओं से अवगत कराने का आग्रह किया गया है। रात को सड़क पर या सार्वजनिक स्थान पर महिलाओं के लिए यह कितना सुरक्षित है, यह जांचने के लिए चेकिंग, एक दोपहिया वाहन की पिछली सीट पर बैठ कर गुप्त रूप से की गई थी, इस दौरे ने अपराध की रोकथाम और प्रतिक्रिया के एक मजबूत उपाय के रूप में पुलिस की उपस्थिति को सुनिश्चित करने की आवश्यकता का संकेत दिया। (इसे आज से लागू किया जा रहा है)।

यहाँ छद्म भेष में नाईट राउंड का यह आकलन है:

यह सुरक्षित लग रहा था। लेकिन कहीं भी पुलिस वाला नहीं दिखा। अलबत्ता साइलेंसर के बिना शोर करते बाइकर्स, ट्रिपल राइडर्स जो ओवर स्पीडिंग कर रहे थे, वह हमें दिखे। हमारे पास एक मोटरसाइकिल गश्त होनी चाहिए और कुछ साइकिल कॉप्स भी होना चाहिए। कम-से-कम 11 बजे रात से रोजाना सुबह 4 बजे तक तो वे सड़क पर होने ही चाहिए। हमने बस स्टैंड के अंदर कुछ राउंड लिए, आखिरी ट्रेन आने पर रेलवे स्टेशन के बाहर की स्थिति और कस्बे के राउंड लगाए। आखिरी शो के बाद सिनेमा हॉल के बाहर भी रहे।

कृपया इसे (DGP + SSP) के साथ लागू करें। हमारे पास अधिकारी द्वारा एक लिखित आर्डर में घोषित किया एक नाइट ऑफिसर भी होना चाहिए जो एक महत्त्वपूर्ण नाईट कॉल का जवाब दे और पीसीआर को पता होना चाहिए कि यह कौन है। समय-समय पर इस पर जाँच की जाएगी।

पुलिस नियंत्रण कक्ष के औचक निरीक्षण पर ब्लॉग का अंश

आज सुबह पुलिस कंट्रोल रूम को यह देखने के लिए एक सरप्राइज विजिट किया कि कैसे कॉल रिकॉर्ड किए जा रहे थे, विशेष रूप से 1031 टोल फ्री जो शिकायतकर्ता के अनुरोध पर कड़ाई से गोपनीय रखा जा सकता है। विजिट से पता चला कि इंटर-डिपार्टमेंटल को-आर्डिनेशन के साथ-साथ इंटरनल कम्युनिकेशन में सुधार की गुंजाइश थी। ऐसी सभी शिकायतों को एसएचओ द्वारा लेने के बाद अपने दैनिक सुबह के कॉल के माध्यम से बीट कर्मचारियों तक पहुंचाना चाहिए। अपर सचिव श्रीनिवास यह सुनिश्चित करेंगे कि 1031 टोल फ्री नंबर पर दर्ज की गई सभी शिकायतों का 24 घंटे के भीतर जवाब दिया जाए और हमारी शिकायतों को ट्रैक रखने के लिए शिकायत पोर्टल में भी फीड किया जाए। जरूरत से ज्यादा तैनात कर्मचारियों की भी जरूरत है और उनको सही ढंग से तैनात करने के लिए कुछ पुनः बजट या नए मूल्यांकन की आवश्यकता होती है। अशुद्ध परिसर को भी साफ करने की आवश्यकता है। सभी विभागों से अनुरोध किया गया है कि वे अपने नियंत्रण कक्ष में या अन्य स्रोतों के माध्यम से प्राप्त होने वाली शिकायतों को भी सावधानी से लॉग इन करें और संशोधित करें।

ये वे शिकायतें हैं जो हमारे कंप्यूटर सिस्टम में लॉग इन नहीं होती हैं, इसकी अतिरिक्त सचिव के राजनिवास डेस्क द्वारा निगरानी की जाती है। टीम राजनिवास द्वारा किसी भी समय, किसी भी दिन शिकायतों के इस समूह की औचक जाँच की जाएगी।

प्रबंधन की सीख

मेंटरिंग शायद सबसे शक्तिशाली तरीका है जिसके द्वारा एक नेता अपनी टीम के सदस्यों के भविष्य को आकार दे सकता है। मेंटरिंग के उल्लेख के विभिन्न पहलू हैं:

M - मॉडल, E - सहानुभूति, N - पोषण, T - सिखाना, O - व्यवस्थित करना, R - प्रतिक्रिया, I - प्रेरणा, N - नेटवर्क, G - लक्ष्य

एक नेता के रूप में, अपनी टीम के लोगों को बेहतर तरीके से जानने के लिए समय और प्रयास करें, अपने अनुभव और कौशल का उपयोग कर उन्हें सलाह दें और उन्हें बेहतर प्रदर्शन करने के लिए मार्गदर्शन करें।

एक मजबूत अंतर्निहित सिद्धांत जो मीटिंग्स, विजिट्स या रिव्यू, इन सभी को चलाता है, कम्युनिकेशन की शक्ति और टेक्नोलॉजी का उपयोग है।

संचार और प्रौद्योगिकी का उपयोग

आज राष्ट्रपति भवन में गवर्नरों के वार्षिक लेफ्टिनेंट गवर्नर सम्मेलन में राजनिवास की क्रिएटिव टीम द्वारा प्रकाशित माननीय राष्ट्रपति और केंद्रीय गृह मंत्री के समक्ष प्रस्तुत किया गया।
@rashtrapatibhvn @PMOIndia
@HMOIndia @AshwaniKumar_92
@PIB_India @ANI ये प्रकाशन राजनिवास वेबसाइट पर हैं।

26 फरवरी, 2019

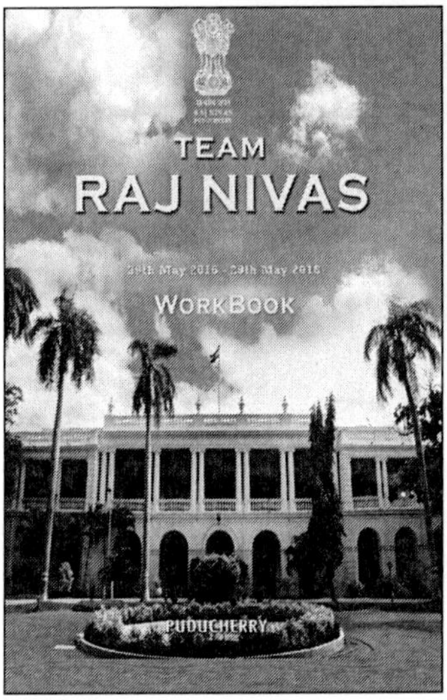

राजनिवास की चौथी संपत्ति:

रचनात्मक टीम और दस्तावेजीकरण

@TheKiranBedi: आज राष्ट्रपति भवन में गवर्नरों के वार्षिक लेफ्टिनेंट गवर्नर सम्मेलन में राजनिवास की क्रिएटिव टीम द्वारा प्रकाशित माननीय राष्ट्रपति और केंद्रीय गृह मंत्री के समक्ष प्रस्तुत किया गया। @rashtrapatibhvn@PMOIndia@HMOIndia @AshwaniKumar_92@PIB_India@ANI ये प्रकाशन राजनिवास की वेबसाइट पर हैं।

जब नेता संचार की शक्ति और उपलब्ध प्रौद्योगिकी का सबसे अच्छा उपयोग करने में विश्वास करता है, तो उसके कार्यालय में एक मजबूत मीडिया टीम की उपस्थिति बेहद जरूरी है। क्रिएटिव टीम, टीम राजनिवास का एक मुख्य समूह है जो विभिन्न संचार प्लेटफार्मों पर सूचनाओं के समय पर प्रसार को संभालता है, चाहे वह सोशल मीडिया, प्रिंट मीडिया, प्रसारण मीडिया या डायनामिक राजनिवास वेबसाइट के माध्यम से हो।

Ln_ पुडुचेरी और डॉ. किरण बेदी के व्यक्तिगत हैंडल के तहत राजनिवास का सोशल मीडिया हैंडल, दोनों विभिन्न प्लेटफार्मों में बहुत महत्त्वपूर्ण हैं और यह व्यापक रूप से उपस्थित हैं। डॉ. बेदी के लिंक्डइन खाते को देश के शीर्ष 25 खातों में से एक के रूप में स्थान दिया गया है।

टीम न केवल सोशल मीडिया हैंडल और व्हाट्सएप ग्रुपों के माध्यम से लोगों के साथ जुड़ती है, बल्कि विभिन्न प्रकाशनों के माध्यम से राजनिवास में किए गए सभी कार्यों का दस्तावेजीकरण करने में भी महत्त्वपूर्ण भूमिका निभाती है, यह एलजी के कार्यालय के लिए लघु फिल्म, वीडियो बनाती है और तस्वीरों का एक संग्रह बनाए रखती है, जो सभी के लिए एक बहुत ही मूल्यवान रिकॉर्ड है।

डॉ. बेदी व्यक्तिगत रूप से अपने ट्विटर हैंडल @TheKiranBedi पर सक्रिय हैं और महत्त्व के सभी मुद्दों के बारे में ट्वीट करती हैं और वह कई व्हाट्सएप ग्रुपों के बारे में भी बताती हैं जो उनका एक हिस्सा है। वह अपने सभी प्रयासों के द्वारा भी रचनात्मक टीम का नेतृत्व और मार्गदर्शन करती हैं।

अगर आप डॉ. बेदी के निवास स्थित कार्यालय में जाएँ और तो आप चकित रह जाएंगे कि वह अपने सभी दस्तावेजों को कितनी सावधानी से रखती हैं। उनका मानना है कि प्रभावी डॉक्यूमेंटेशन किसी भी संगठन का एक अभिन्न पहलू और निर्माण खंड है। डॉ. बेदी ने स्वयं टीम को निर्देशित किया है कि दस्तावेजों को कैसे बनाए रखा जाए, इनमें व्यक्तिगत और आधिकारिक दस्तावेज, फोटो, वीडियो, प्रिंट मीडिया क्लीपिंग आदि शामिल हैं। जिस प्रणाली को उन्होंने विकसित किया है वह डेटा पुनर्प्राप्ति को आसान बनाता है और मूल रूप से इसका उपयोग सभी दस्तावेजों को इंडेक्स करने में की-वर्ड्स का इस्तेमाल करता है। की-वर्ड्स जो हाइपर लिंक्ड दस्तावेजों से जुड़े होते हैं। दस्तावेजों का उपयोग विभिन्न गतिविधियों का विवरण प्राप्त करने के लिए, सबूत के रूप में बनाए रखने के लिए या नागरिकों तक पहुंचने के लिए किया जाता है। डेटा की ये रिपॉजिटरी नीतियों और नियमों के साथ-साथ सूचना के बाद की सुरक्षा के लिए स्रोत बिंदु भी हैं।

कम्युनिकेशन चैनलों को सरल और प्रभावी बनाए रखने के लिए, डॉ. बेदी व्हाट्सएप का अधिकतम उपयोग करती हैं और उन विभिन्न समूहों के माध्यम से जानकारी साझा करती हैं जिनका वह एक हिस्सा हैं।

एक उद्देश्य के साथ संबंध बनाना: समृद्ध पुडुचेरी व्हाट्सएप ग्रुप

> @TheKiranBedi: मैं अब पुडुचेरी के समग्र प्रशासन के लिए एक व्हाट्सएप एक्शन ग्रुप का एक हिस्सा हूँ। #prosperouspuducherry@LGov_Puducherry
>
> 1 जून, 2016

डॉ. किरण बेदी द्वारा एलजी के रूप में कार्यभार संभालने के कुछ दिनों के भीतर की गई पहली पहल में से एक व्हाट्सएप ग्रुप बनाना था जिसे प्रॉस्पेरस पुडुचेरी ग्रुप कहा जाता था। जब उन्होंने शपथ ली, तो उन्होंने कहा कि वह पुडुचेरी को एक समृद्ध पुडुचेरी बनाने के लिए एक मिशन पर थीं और इस समूह, जिसमें सभी विभागों के अधिकारी हैं और जनता की शिकायतों पर त्वरित प्रतिक्रिया सुनिश्चित करने की दिशा में काम करते हैं, को सही मायने में समृद्ध पुडुचेरी व्हाट्सएप समूह का नाम दिया गया।

“यह समूह अधिकारियों के बीच बेहतर समन्वय और किसी भी नागरिक समस्या के त्वरित समाधान के लिए बनाया गया है। यह प्रणाली तत्काल संचार के लिए और प्रतिक्रिया समय को कम करने के लिए बहुत उपयोगी है।” एलजी की ओएसडी थेवा नीथी धस बताती हैं।

इस समूह में मुख्य सचिव, पुलिस प्रमुख, कई अन्य विभागों के सचिव, ऐसे अधिकारी शामिल हैं, जो विभिन्न क्षेत्रों की जनता और पुलिस अधिकारियों के लिए आवश्यक सेवाएं प्रदान करते हैं। समूह ने सरकार के भीतर समन्वय को बढ़ावा देने में मदद की है और बहुमूल्य

सार्वजनिक जानकारी और मुद्दों को साझा करने की सुविधा प्रदान की है, जिन पर तत्काल ध्यान देने की आवश्यकता है। कम्युनिकेशन का यह मोड हाइअरार्कीस में कटौती करती है और कम्युनिटी की सेवा के उद्देश्य से टीम को एकजुट करती है। इसने सरकार को काम करने की गति बढ़ाने में मदद की है और जनता के लिए आसान वास्तविक समय इंटरफेस बनाने में भी मदद की है।

सर्वोत्तम पर ट्रांसपैरेंसी:

फाइलों के साप्ताहिक निपटारे की घोषणा

@TheKiranBedi: राजनिवास सप्ताह में जो भी फाइल क्लियर करता है, उसे साझा करता है। इससे फाइलें गुम होने से बच गई हैं। अब यह भी पता है कि उनके मैटर्स कहां हैं और गलत सूचना नहीं दे सकते हैं। वे भी अप्रूवल्स की कॉपीज मांग सकते हैं। इस पारदर्शिता ने लोगों को सशक्त कर दिया और अफवाहों और गलत सूचनाओं को उठने से रोक दिया।

26 दिसंबर, 2017

दिसंबर, 2017 में प्रशासन में पूर्ण पारदर्शिता लाने के अपने प्रयासों के तहत, डॉ. किरण बेदी ने घोषणा की कि उपराज्यपाल का कार्यालय राजनिवास की वेबसाइट पर एक साप्ताहिक बुलेटिन को मंजूरी दे दी गई फाइलों को अपलोड करके लिए गए सभी महत्त्वपूर्ण निर्णयों की घोषणा करेगा।

इस साप्ताहिक बुलेटिन में, टीम राजनिवास प्रत्येक फाइल के विवरणों के साथ प्रासंगिक निर्णयों की घोषणा करती है। बुलेटिन में बताए गए विवरणों में वह तिथि शामिल है जिस पर फाइल प्राप्त की गई थी, जिस तिथि को यह मंजूरी दी गई थी और निर्णय लिया गया

था। यह स्पष्टता और दक्षता के सार्वजनिक होने का आश्वासन देता है और फाइलों से संबंधित लोगों को भी मामलों की स्थिति पर रखता है।

थेवा नीती धस ने बताया, "सप्ताह के दौरान निपटाई गई फाइलों की सूची घोषित करने की प्रथा बहुत ही अनोखी है और सूचना के अधिकार अधिनियम, 2005 के प्रावधानों द्वारा अनिवार्य सक्रिय प्रकटीकरण का एक हिस्सा है। आमतौर पर किसी भी सरकारी कार्यालय में फाइल गुजरने की प्रक्रिया विभिन्न विभागों और किसी भी निर्णय से पहले विभिन्न निर्वाचित प्रतिनिधियों के हाथों के माध्यम से लंबी सीरीज से गुजरती है। लेकिन यहां हम सभी फाइलों को क्लियर किये जाने का स्वैच्छिक प्रकटीकरण करते हैं और यह सूची हर शनिवार को हमारी वेबसाइट पर अपलोड की जाती है। हमारी ट्रांसपैरेंसी में इस प्रैक्टिस का एक बहुत ही स्पष्ट स्थान है।"

इस सूची को मीडिया के साथ भी साझा किया जाता है और जितना यह पारदर्शिता सुनिश्चित करता है, उतना ही यह किसी भी तरह के अनावश्यक भ्रम से बचता है। राजनिवास में किए गए प्रत्येक निर्णय को रेखांकित करने के पीछे न्याय, कानूनी शासन और वित्तीय विवेक है।

निम्नलिखित विषयों के संबंध में माननीय उपराज्यपाल की स्वीकृति 04/08/2019 से 10/08/2019 की अवधि के दौरान दी गई थी।

Sl. No	LG Off. Receipt No. & Received Date	Department	File Subject	Decision	Despatched Date
1	182 / 22-07-2019	Home	Recommendation of Advisory Board regarding detention of Thiru Sundar @ Sakthivel S/o Muthukrishnan, Maduvupet, Puducherry under the provision of PPASA Act2008.	Accepted	06-08-2019
2	188 / 29-07-2019	Home	Recommendation of Advisory Board regarding detention of Thiru Sasi @ Sasikumar, S/o Iyyanar, Periyapet, Thirubuvanai, Puducherry under the provisions of PPASA Act, 2008.	Accepted	06-08-2019
3	198 / 02-08-2019	Finance	Release of Contingency fund towards settlement of rent payment as per court orders by Dte. of School Education	Approved	05-08-2019
4	200 / 02-08-2019	Chief Vigilance Office	Reference to MHA regarding initiation of RDA against Tvl. SCB Mohan, E.E (Retd), PWD and others based on the recommendations of the CBI, ACB, Chennai in RC 22(A)/2008.	Approved	06-08-2019
5	201 / 02-08-2019	Chief Vigilance Office	Initiating disciplinary proceedings against Thiru D.Rajendiran, JTP, Town and Country Planning, Karaikal who was chargesheeted by the CBI-ACB, Chennai in RC 13(A)/2007.	Approved	05-08-2019
6	202 / 02-08-2019	Chief Vigilance Office	Disciplinary proceeding against Thiru K.Alexander, Vice-Principal, School Education Department	Approved	05-08-2019
7	203 / 04-08-2019	Women & Child Dev.	Expr. sanction for disbursement of Old Age and Destitute Pensions for Rs.29,65,21,500/- to 1,54,847 nos. of beneficiaries for the month of July 2019 payable in August 2019.	Accorded	05-08-2019
8	204 / 05-08-2019	DP&AR	Continuance of 7 temporary posts for the period from 31.07.19 to 30.07.2020 in respect of LG Secretariat/Office of Council of Ministers, Puducherry.	Approved	05-08-2019
9	205 / 05-08-2019	Law	Enhancement of Counsellors fees in the Family Court, Puducherry.	Approved	05-08-2019
10	206 / 05-08-2019	DP&AR	Relieving on Transfer of 3 IAS Officers, namely Tvl. Tarsem Kumar, P. Jawahar & P. Parthiban.	Approved	05-08-2019

निम्नलिखित विषयों के संबंध में माननीय उपराज्यपाल की स्वीकृति 04/08/2019 से 10/08/2019 की अवधि के दौरान दी गई थी।

SL No	LG Off. Receipt No. & Received Date	Department	File Subject	Decision	Despatched Date
11	207 / 06-08-2019	Information Technology	Deputation of Thiru R.Ilango, DPA as Computer Programmer to JIPMER.	Approved	06-08-2019
12	208 / 06-08-2019	Hr. & Tech. Education	Acceptance of resignation tendered by Dr.Shruti Joshi, Asst. Professor in Politics, Arignar Anna Govt. Arts & Science College, Karaikal.	Approved	06-08-2019
13	209 / 08-08-2019	Labour	Entrusting of Current duty charges for the posts of Principal in Govt. ITIs, Labour Department, Puducherry.	Approved	10-08-2019
14	210 / 08-08-2019	Chief Sectt. (CCD)	Appointment of Shri. M.R. Sampath Kumar, J.E., PWD as Personal Assistant to Chief Minister on deputation	Approved	10-08-2019
15	211 / 08-08-2019	DP&AR	Consideration of Thiru P. Deivanayagam, Asssistant (Retd) Electricity Dept., for promotion to the post of Superintendent on adhoc and notional basis.	Approved	10-08-2019
16	212 / 08-08-2019	Finance	Note of Voluntary Retirement from Service given by Thiru K.V.Ramakrishnan, JAO, DRDA, Puducherry.	Approved	10-08-2019
17	213 / 08-08-2019	DP&AR	Promotion of five (5) UDCs to the post of Assistant on notional basis on par with their juniors.	Approved	10-08-2019
18	214 / 08-08-2019	Commercial Taxes	Issue of rate notification under the Goods and Services Tax Act, 2017.	Approved	10-08-2019

// By Order //

10 8 19

(G. THEVA NEETHI DHAS)
Officer on Special Duty to Lt. Governor

आम आदमी तक पहुंचने का सबसे अच्छा तरीका मंथली मैसेज है, जो एलजी के सचिवालय के सभी कामों को बताता है और सामुदायिक भागीदारी के लिए उनसे अपील करता है।

आम आदमी से जुड़ना:
नागरिकों को मासिक संदेश देना

> @TheKiranBedi: पुडुचेरी के लिए इस महीने का मेरा संदेश में अपील है, नालियों में प्लास्टिक नहीं फेंकें क्योंकि हम उनको बाहर निकाल रहे हैं।
>
> 30 सितंबर, 2016

अगर पूरे देश के नागरिक माननीय पीएम के मन की बात को सुन रहे हैं, तो पुडुचेरी के नागरिक दूरदर्शन पुडुचेरी द्वारा प्रसारित अपने मासिक संदेश "वल्मीक्का पुडुचेरी" के साथ-साथ ऑल्टरनेट रेडियो पुडुचेरी के माध्यम से एलजी को अपने प्रमुख चैनल में भी सुनते हैं। इसी के साथ वे रेनबो एफएम चैनल में और कराईकल ऑल इंडिया रेडियो पर भी उनको सुनते हैं।

हर महीने के संदेश में, प्राथमिक मुद्दों और उनसे जुड़ी चिंताओं को लाया जाता है और नागरिकों को आने वाले महीने के लिए योजनाओं से अवगत कराया जाता है। सरकार ने जिन कार्यों को पूरा किया है, उन्हें देखते हुए, उन चुनौतियों को दूर करने में कम्युनिटी की भागीदारी के लिए अपील की जाती हैं और निवासियों को महत्त्वपूर्ण घटनाओं के बारे में सतर्क किया जाता है।

जब डॉ. किरण बेदी अंग्रेजी में यह संदेश देती हैं, उनकी ओएसडी तमिल में उसका अनुवाद सुनाती हैं, इसलिए मासिक संदेश की पहुंच दूर-दूर तक है।

ये संदेश निश्चित रूप से जनता तक पहुंचने और पुडुचेरी को समृद्ध पुडुचेरी बनाने की दिशा में सरकार के साथ शामिल होने पर प्रभावी रहे हैं।

मासिक संदेश अगस्त, 2019 के अंश

वणक्कम! आज सुबह मैं आपको टीम राजनिवास की कहानी बताने जा रही हूं, जो अपने 225वें वीकेंड मॉर्निंग राउंड में थोंडमानाथम सामुदायिक केंद्र में पहुंची थी। जब हम थोंडमानाथम के सामुदायिक केंद्र में गए तो हमें गेट टूटा हुआ मिला, परिसर पूरी तरह से कचरे से भरा हुआ और गन्दा था। इसके अलावा, वहां पानी नहीं था, इसलिए शौचालय भी अवरुद्ध था और उस गाँव के सामुदायिक केंद्र में शायद ही कुछ सही था। यह बताने के बजाय कि चलो इसे साफ किया जाए और इसे दुरुस्त किया जाए, हम सभी ने सामूहिक रूप से निर्णय लिया कि ऐसा कल पर नहीं छोड़ना है। हम इसे तुरंत साफ कर देंगे। जब उस गाँव के एक किसान ने हमें सफाई करते देखा, तो वह अपने ट्रैक्टर को ले आया। उनके ट्रैक्टर ने सामुदायिक केंद्र की दीवारों की परिधि के साथ-साथ साफई करना शुरू कर दिया। किसी ने उसे नहीं बताया, उसने खुद से ऐसा करना शुरू कर दिया। एक-डेढ़ घंटे के भीतर, पूरा सामुदायिक केंद्र परिसर स्वच्छ हो गया था।

तब कम्युनिटी ने अगले दिन रविवार को वॉलीबॉल खेलकर इसका उत्सव मनाने का फैसला किया था। हम रविवार को फिर से वापस चले गए, वॉलीबॉल और डंडे उसी गांव के निवासियों द्वारा लाए गए थे। उन्होंने इसे लगाया और महिलाओं ने हैंड बॉल खेली और बच्चों ने वॉलीबॉल और थ्रो बॉल खेला।

टीमों का गठन किया गया और जिन महिलाओं और युवाओं ने खेल खेला था उनको उपजिलाधिकारी सौरव शास्वत ने पुरस्कार दिए। विलेनूर के कमिश्नर, कमिश्नर अरुमुगम ने सभी खिलाड़ियों से हाथ मिलाया। टीम राजनिवास ने भागीदारी के रूप में उन सभी को टोपी भेंट की। टीम राजनिवास ने भी 60 पौधे लगाए थे और हम सभी, एनएसएस स्वयंसेवकों, महिलाओं और बच्चों ने मिलकर परिधीय दीवार के साथ-साथ 60 पेड़ लगाने का काम किया। रूरल डायरेक्टर श्री रवि प्रकाश ने सामुदायिक केंद्र की चाबियां पंचायत स्तर के संघ को प्रस्तुत कीं। दोस्तों, अब यहाँ की महिलाएं सामुदायिक केंद्र का प्रबंधन कर रही हैं और गेट की मरम्मत की गई है। कोई भी असामाजिक तत्व अब परिसर में प्रवेश नहीं कर सकता है और जमीन को खराब नहीं कर सकता है। यह एक उदाहरण है जब हम सभी एक साथ काम करते हैं और दूसरों की प्रतीक्षा नहीं करते हैं। प्रत्येक गांव में, महिलाओं को इस तरह की पहल करनी चाहिए और अपने स्वयं के सामुदायिक केंद्रों की सफाई करनी चाहिए और एक समृद्ध पुडुचेरी बनाना चाहिए।

प्रबंधन की सीख

कम्युनिकेशन नेतृत्व का मूल है और एक अच्छा नेता हर स्तर पर लोगों के साथ संवाद करने का हर संभव प्रयास करता है। प्रभावी प्रबंधन के लिए लगातार संवाद करना चाहिए, अपने संदेशों को सरल बनाना चाहिए और प्रत्यक्ष होना चाहिए, सुझावों को सुनना चाहिए और सभी के इनपुट को प्रोत्साहित करना चाहिए, उदाहरण देकर स्पष्ट करना चाहिए। कहानियों के माध्यम से कम्युनिकेशन करें, आप अपने कार्यों के माध्यम से भी कम्युनिकेशन करते हैं।

जब कोई नेता इतने प्रभावी ढंग से संवाद करता है तो नेटवर्किंग और सहयोग उनके पास स्वाभाविक रूप से लौट कर आता है, जिससे वह समुदाय की मदद करने के लिए एक आउटरीच कार्यक्रम शुरू कर सकता है।

नेटवर्किंग और सहयोग

नेतृत्व की कीमती सीख

क्या आप उन्हीं लोगों से मिलना चाहते हैं, जो मजबूत नेटवर्क बनाने में सहयोग दे सकते हैं, सुन सकते हैं और निर्माण कर सकते हैं। अच्छी खबर यह है कि आपके संगठन में ये लोग पहले से ही हैं। उन्हें बाहर न जाने दें।

—@HarvardBiz @ForbesLeaders

राजनिवास आउटरीच प्रोग्राम

@TheKiranBedi- #सीएसआर से पूर्ण समर्थन लेने वाले समर्थक के रूप में टीम राजनिवास #PuducherryResourceRich बना रही है। ''राज निवास आउटरीच'' में ''अनुग्रह की प्रचुरता'' है। राजनिवास एक ऐसे परिवार के रूप में काम करता है, जिसके पास जरूरतमंद-प्रदाता हैं, जो नेतृत्व कर रहे हैं। @ashapdy @AshwaniKumar_92@ANI

5 मार्च, 2019

किसी ने एक बार ठीक ही कहा था, "देखभाल की भावना के बिना समुदाय का कोई मतलब नहीं हो सकता है," और यह भी सच है कि डॉ. बेदी ने हमेशा अपने काम में समुदाय को शामिल किया है। यदि वह तिहाड़ को सरकार के शून्य बजट में भी सुधार लाने में कामयाब रही, तो यह विशुद्ध रूप से सामुदायिक भागीदारी के माध्यम से हुआ और अब एलजी के रूप में उन्होंने कम्युनिटी को राजनिवास आउटरीच कार्यक्रमों का हिस्सा बनाने का फैसला किया।

"राजनिवास के बाहर की जरूरतें पूरी करने के लिए राजनिवास भी बाहर पहुंच गया - सीएसआर की तर्ज पर राजनिवास सामाजिक जिम्मेदारी शब्द को गढ़ा गया। गांवों, जल निकायों, ग्रामीण स्कूलों, सार्वजनिक जागरूकता जैसे कारणों, जेल के कैदियों के सुधार और स्वास्थ्य और स्वच्छता कार्यक्रमों ने संसाधनों का तालमेल बनाने के लिए सामाजिक पूंजी और सीएसआर का दोहन किया। राजनिवास एक पीपुल्स निवास है, जिसने न केवल नागरिकों का अपनी प्रवृत्ति में स्वागत

किया, बल्कि कार्यक्रमों को वास्तविक रूप देने के लिए सार्वजनिक डोमेन पर भी पहुंचा दिया।" आशा गुप्ता कहती हैं, जो डॉ. किरण बेदी के मार्गदर्शन और मार्गदर्शन के तहत इन आउटरीच कार्यक्रमों को आगे बढ़ा रही हैं।

इस आउटरीच कार्यक्रम के तहत आयोजित मुख्य कार्यक्रमों में से एक कलापेट सेंट्रल जेल में कैदी सुधार कार्यक्रम है। जिसमें कई एनजीओ द्वारा आयोजित कौशल प्रशिक्षण प्रदान करके कैदियों को फिर से संगठित करके अपराध की रोकथाम पर ध्यान केंद्रित किया गया है। कैदियों के लिए स्थायी आजीविका बनाने के लिए जेल अधिकारियों के सहयोग से 'रिस्टोर' नामक एक ब्रांड बनाया गया है।

राजनिवास आउटरीच कार्यक्रम की एक और महत्त्वपूर्ण पहल TN पालयम गांव को गोद लेना है, जिसमें ग्रामीणों को आत्मनिर्भर बनने के लिए सशक्त बनाना है। चूंकि इस गांव को दिसंबर, 2016 में अपनाया गया था, इसलिए राजनिवास ने उनके साथ शिक्षा, स्वास्थ्य, इको कॉर्नर्स को विकसित करने के लिए बहुत काम किया, जिससे इस गांव को आत्मनिर्भरता के एक मॉडल के रूप में विकसित होने में मदद मिली है।

इन पहलों के अलावा, राजनिवास नियमित रूप से पुस्तक दान अभियान चलाने, सरकारी स्कूलों के लिए कंप्यूटर लाने, व्यक्तित्व विकास और लिंग संवेदीकरण कार्यशालाओं का संचालन करने और यहां तक कि उनके लिए प्रकृति ट्रेक का संचालन करने के लिए विभिन्न समूहों के साथ सहयोग करता है।

आशा गुप्ता कहती हैं, "हमारे पास बहुत सारे समूह हैं जो आगंतुकों के रूप में आते हैं और उनमें से अधिकांश हमारे माननीय एलजी मैडम के प्रशंसक के रूप में होते हैं। जैसा कि वह उनके साथ बातचीत करती हैं, वह हमारे साथ सहयोग करने की उनकी क्षमता को नोटिस करती हैं और तुरंत उन्हें ऐसा करने के लिए प्रोत्साहित करती हैं। इससे जल्द ही वे संसाधनों के पूल में वापस आ जाते हैं जिसके साथ वे हमारी मदद कर सकते हैं। राजनिवास आउटरीच कार्यक्रम इस तरह से विकसित होता और वृद्धि करता रहा है। लोगों का यह विश्वास है कि

उन्होंने हमें स्थानीय परिवर्तन लाने के लिए सीएसआर और सामुदायिक भागीदारी को सुविधाजनक बनाने की मदद दी है।"

सीएसआर सफलता की कहानी का एक उल्लेखनीय मॉडल यह है कि इसने पुडुचेरी को कैसे जल समृद्ध बनाया। जब डॉ. बेदी ने जल चैनलों का दौरा किया और देखा कि उन्हें जेसीबी मशीनरी का उपयोग करके साफ करने की जरूरत है और यह भी पता चला कि पीडब्ल्यूडी विभागों के पास इसके लिए कोई धन नहीं था, इसलिए उन्होंने तुरंत कंपनियों और शैक्षणिक संस्थानों से सीएसआर का सहयोग लेने का फैसला किया। वह अपने व्यक्तिगत ट्विटर हैंडल के माध्यम से उन तक पहुंची और सीएसआर से मदद के लिए अनुरोध किया। एक बार जब पहला डोनर आया, तो उसने उनको और अधिक मिलने का आत्मविश्वास दिया। जल्द ही अभूतपूर्व समर्थन मिला, जिससे उन्हें शहरी और ग्रामीण दोनों जल चैनलों को उबारने के लिए करोड़ों रुपये की सहायता मिली।

राजनिवास के पोंगल समारोहों में नृत्य करने वाली एक युवा बच्ची हरिणी को एक परोपकारी व्यक्ति से '1 लाख' रुपये मिले, जिसने उसका प्रदर्शन देखा और उसकी प्रतिभा से प्रभावित हुआ था। उसके नाम पर एक डाकघर खाता खोला गया था और जब वह कॉलेज जाएगी तो उसे यह राशि मिलेगी। वह अब राजनिवास बिरादरी का हिस्सा है और यह एसोसिएशन उसे सम्मानित स्थान पर पहुंचाएगी।

लोग डॉ. किरण बेदी के साथ जुड़ने में अपना सम्मान समझते हैं और वह भी उनको प्रमाण पत्र और पुरस्कार देकर अपनी पूरी कृतज्ञता व्यक्त करती हैं, जो राजनिवास के साथ सहयोग करने वाले लोगों और कंपनियों के प्रोफाइल का एक गर्व का हिस्सा बन जाता है। पेंसिल से लेकर डिसिल्टिंग तक, राजनिवास आउटरीच कार्यक्रम सहयोग का एक उल्लेखनीय मॉडल है जो देश के अन्य राज्यों द्वारा अनुकरण किए जाने के योग्य है।

डॉ. बेदी के नेतृत्व का अंतर्निहित प्रमुख सिद्धांत सहयोगी नेताओं को एक साथ लाना रहा है और वह पुडुचेरी प्रशासन की महिलाओं सहित नेताओं के विभिन्न समूहों को एक साथ लाने में सफल रही हैं, ताकि वे उनकी समस्याओं का समाधान कर सकें।

सह चयन मानव संसाधन

@TheKiranBedi- पुडुचेरी के विभिन्न विभागों की महिला अधिकारियों की पुडुचेरी प्रशासन में भाईचारा बनाने के लिए एक बैठक की गयी। जिसमें सेल्फ हेल्प, म्युचुअल स्पोर्ट की संस्कृति बनाने, सहयोग देने, लेकिन प्रतिस्पर्धा नहीं करने के लिए हर तीन महीने में मीटिंग होगी।

19 मार्च, 2018

राजनिवास के दरबार हॉल और लॉन सार्वजनिक अधिकारियों, गैर सरकारी संगठनों, युवाओं और वरिष्ठ नागरिकों के बीच नेटवर्किंग और बातचीत के लिए मंच बन गए।

आशा गुप्ता कहती हैं, "पुडुचेरी प्रशासन की सबसे महत्त्वपूर्ण मीटिंग्स में से एक सभी महिलाओं के साथ मीटिंग थी जो उन्हें बहनों के रूप में एक साथ बंधने और एक साथ विकसित करने में मदद करने के लिए थी। इस समूह में सभी पदानुक्रम में महिलाएं शामिल थीं और विकसित हुई। हमारे पास एक व्हाट्सएप ग्रुप है जहाँ हम सभी गतिविधियों के बारे में विशेष रूप से सभी कार्यालयों में महिला दिवस पर आयोजित कार्यक्रमों के बारे में पोस्ट करते हैं।"

"हम अपने व्हाट्सएप ग्रुप के माध्यम से जुड़े रहने और तीन महीने में एक बार मिलने के लिए, पुडुचेरी प्रशासन में महिलाओं की हमारी सिस्टरहुड शुरू करने के लिए आज मीटिंग कर रहे हैं। मैं चाहती हूं कि आज आप इस मीटिंग को आत्मनिर्भर नेताओं पर छोड़ दें, जो अन्य

सभी के लिए समाधान प्रदाता हैं।" ऐसा डॉ. किरण बेदी ने तब कहा जब उन्होंने पुडुचेरी प्रशासन में काम करने वाली सभी महिलाओं को मिलने के लिए बुलाया।

प्रशिक्षण सत्रों का संचालन कम्यून कमिश्नरों के माध्यम से घरेलू हिंसा, डिजिटल लेन-देन, ग्रामीण विकास से निपटने के लिए किया गया है और इस तरह से राजनिवास ने व्यक्तियों और समूहों के बीच सूचनाओं और विचारों के आदान-प्रदान को प्रोत्साहित करने के लिए, जिनमें सबके एक सामान्य हित जुड़े हैं, ऐसे 6,186 नागरिकों के साथ 44 नेटवर्किंग सत्र आयोजित किए हैं।

महिलाओं को सशक्त बनाना टीम राजनिवास का एक प्रमुख फोकस रहा है और न केवल टीम ने उन्हें गरीबी जैसी चुनौतियों से उबरने में मदद की है, बल्कि महिलाओं को अधिक आत्मनिर्भर बनाने के लिए लक्षित कल्याणकारी योजनाओं को बनाने में उनकी मदद करने में भी सक्षम रही है।

प्रबंधन की सीख

सहयोग और नेटवर्किंग आपके संगठन को मजबूत करते हैं। एक नेता के रूप में, मानवीय तत्व के आधार पर सहयोग का निर्माण करें और अपने संगठन का लोगों के दृष्टिकोण और व्यवहार में बदलाव लाने के लिए एक माध्यम के रूप में उपयोग करें जो एक संगठनात्मक परिवर्तन रणनीति भी बनाता है। यह उन लोगों के बीच विश्वास और रिश्ते बनाने में मदद करता है जिनके साथ आप सहयोग करते हैं और नेटवर्क बनाते हैं।

भावुक और दयालु नेतृत्व हमेशा प्रदर्शन को और अच्छे काम को पुरस्कृत करता है और इसीलिए डॉ. बेदी अपने आसपास के लोगों की सराहना करने और उनको पुरस्कृत करने का अवसर नहीं छोड़ती हैं।

दया के साथ प्रशंसा: पुरस्कार और मान्यता

@द किरण बेदी– जल, स्वच्छता और हरित आवरण के क्षेत्रों में सामुदायिक नेतृत्व को बढ़ावा देने के लिए, इसके बाद, राजनिवास अपने सभी त्योहारों को 'स्वच्छता ही सेवा है' के अनुसार मनाएगा। सबसे पहले सभी सीएसआर दाताओं के लिए इस दिवाली ईव पर पुरस्कार उन कार्यकर्ताओं को दिया जायेगा जो 86 किलोमीटर नहरों को साफ करने के लिए आगे आये थे।

7 अक्टूबर, 2018

डॉ. किरण बेदी के मार्गदर्शन में टीम राजनिवास नियमित आधार पर सरकारी अधिकारियों और व्यक्तियों द्वारा प्रदान किए गए उत्कृष्ट कार्यों और सेवाओं को सम्मानित करने में विश्वास रखती है। गैर सरकारी संगठन और अन्य समूह जो परियोजनाओं के लिए राजनिवास के साथ सहयोग करते हैं, उन्हें हमेशा लेफ्टिनेंट गवर्नर द्वारा मान्यता प्राप्त प्रमाण पत्र से सम्मानित किया जाता है। इसके अलावा टीम राजनिवास ने उन सभी को सम्मानित करने के लिए 'स्वच्छता ही सेवा है' जैसे पुरस्कारों की स्थापना की, जिन्होंने वाटर रिच पुडुचेरी में मदद की थी। राजनिवास में एक शाम, एक पुरस्कार समारोह का आयोजन किया गया था तब इन पुरस्कारों को उन सभी व्यक्तियों को दिया गया

जिन्होंने अपने सीएसआर के माध्यम से पानी के चैनलों को साफ करने में मदद की थी।

फ्रंट रनर पुरस्कार विभिन्न विभागों के अधिकारियों को दिए गए, जो अपनी सभी पहलों में टीम राजनिवास के साथ काम करने में कुछ और आगे गए थे। कुछ एनजीओ जिन्होंने टीम राजनिवास के साथ इसके कुछ आउटरीच कार्यक्रमों को अंजाम देने में काम किया है, उन्हें फ्रंट रनर अवाड्र्स से सम्मानित किया गया।

नगरपालिका अधिकारियों और यातायात को प्रोत्साहित करने के लिए, डॉ. किरण बेदी हर शुक्रवार को उनसे मिलती हैं और उन्हें उनके साप्ताहिक प्रदर्शन के लिए पुरस्कृत करती हैं।

"हम नगरपालिका अधिकारियों को साप्ताहिक पुरस्कार देते हैं, जो डस्टबिन नहीं रखने वाले और कचरे को नालियों में फेंकने वालों पर प्रभावी रूप से उन लोगों के रखवाले हैं, और मोटर वाहन अधिनियम के तहत किए गए अपराधों के लिए सड़क उपयोगकर्ताओं को हाजिर करने वाले ट्रैफिक पुलिस अधिकारी और अन्य लोग हैं।" डॉ. किरण बेदी का कहना है कि उनका मानना है कि ये पुरस्कार उन्हें बेहतर प्रदर्शन करने के लिए प्रेरित करते रहेंगे।

अब मिशन ग्रीन पुडुचेरी में काम करते हुए, राजनिवास ने पुडुचेरी के ग्रीन एम्बेस्डर को भी पहचानना शुरू कर दिया है जो लंबे समय से वृक्षारोपण का नेतृत्व कर रहे हैं।

उपहारों में प्रशंसा के टोकन शामिल हैं जिन्हें राजनिवास में उपहार और प्रमाण पत्र के रूप में प्राप्त किया गया है।

प्रबंधन की सीख

एक नेता के रूप में, आपके लिए और आपके साथ काम करने वाले लोग प्रशंसा और पुरस्कार की तलाश करते हैं क्योंकि यह उन्हें प्रोत्साहित करता है। इससे लोगों को अपना महत्त्व महसूस होता है, यह अच्छे नेतृत्व की नींव है।

- नियमित रूप से प्रशंसा पत्र और प्रमाण पत्र देकर लिखित में प्रशंसा करें।
- पुरस्कार देकर उनकी सबसे छोटी उपलब्धियों की भी सराहना करें।
- उन सभी को पुरस्कृत करना याद रखें जो आपके काम का समर्थन करने के लिए विश्वास करते हैं और आपके साथ और अधिक चल पड़ते हैं।

एक ट्रिप जो एक सच्चा रहस्योद्घाटन था

@thekiranbedi- #TeamRajnivas यनम में। उच्च अंकः बाढ़ की रोकथाम के लिए टाइडल लॉक विकल्पों के लिए विजिट करें। टाउनसैनिटेशन इश्यूः एक पुराने मंदिर का विध्वंस स्थलः बायोमेडिकल वेस्ट डिस्पोजल इश्यूज। एक द्वीप जिसने वायवीय कानूनों का उल्लंघन किया: छात्रों को उपहारः ओपन हाउस जिसने सिस्टम खोला।

15 अक्टूबर, 2019

जब आप किसी यात्रा से वापस आते हैं तो ऐसा लगता है कि जैसे आपका भी टेलीविजन पर दिखाई दिए जाने वाले समाचारों की तरह सीधा अनुभव प्राप्त हुआ है फिर आपको उन यादगार पलों के बारे में कुछ शब्द लिखने की खुलजी उठने लगती है।

यनम पुडुचेरी का एक हिस्सा है। यह आंध्र प्रदेश में, काकीनाडा के करीब है। कहीं न कहीं अपने दिल के एक कोने में मैं यनम की यात्रा पर मैडम के साथ जाने की इच्छा मन-ही-मन पाल रहा था। और एक दिन मेरी इच्छा पूरी हुई। हमारा एक ग्रुप एक दिन पहले वहां चला गया और वहां की जमीनी वास्तविकताओं का आकलन किया।

एक विचित्र छोटा शहर यनम लगभग 32,000 लोगों की आबादी के साथ लगभग 30 वर्ग किमी में फैला हुआ है। जैसा कि हमने चारों ओर देख कर जाना और हमने महसूस किया कि यह छोटा शहर राजनेताओं के बड़े पैमाने पर भ्रष्टाचार के कारण कई मुद्दों से ग्रस्त था।

पर्यावरण से जुड़ा, कूड़े से रेत खनन, वेस्ट सेग्रीगेशन और यहां तक कि एक मंदिर से जुड़ा मुद्दा, इनमें से प्रत्येक शहर को प्रगति करने से रोक रहा था। पर्यटन और विकास की अपार संभावनाओं वाला एक छोटा-सा शहर भ्रष्टाचार और उचित प्रशासन की कमी का शिकार था।

पूर्व कार्यक्रम के अनुसार माननीय एलजी डॉ. किरण बेदी वहां पहुंचीं और हम उनके साथ सभी स्थानों की यात्रा पर गए, तब हमें उनके अंगरक्षकों के साथ गाड़ी चलाने का अनुभव हुआ। हमने सड़क के दोनों ओर लोगों को काले झंडे लिए, काले गुब्बारे और प्लेकार्ड ले कर खड़े हुए देखा (उनके खिलाफ)। यह सब एक स्थानीय राजनेता द्वारा संचालित किया गया था। सड़क में पड़े गड्ढों में से कार के उछल कर रुकने पर वे उतर कर बाहर आती हैं और लोगों का चिल्लाना सुनती कि, वे लोग मैम को क्या बता रहे थे, जिसे सुन कर वे वापिस कार में बैठ जातीं और उन्होंने कई बार लोगों को चिल्लाते हुए सुना, "किरण बेदी जिंदाबाद", "किरण बेदी की जय", एक ऐसा अनुभव था जिसने मुझे हंसने पर मजबूर कर दिया। मीडिया से होने के नाते, मैं इस घटना को दूसरी तरफ से देख पा रहा था, लेकिन एलजी की टीम का हिस्सा होना बिल्कुल अलग अनुभव था। सुरक्षा व्यवस्था त्रुटिहीन थी और शुक्र है कि विरोध और धमकियों के बावजूद कानून-व्यवस्था की स्थिति सामान्य थी।

हमारे पास एक लंबा ओपन हाउस था जिसमें लोगों का आना-जाना अगले दिन तक जारी रहा था, क्योंकि हमारे पास कई सौ पिटीशंस थीं। जैसा कि माननीय एलजी मैम ने कहा, हमने यनम के लोगों की बोतलबंद समस्याओं के जिन्न को बोतल से आजाद कर दिया था और अब प्रशासक, अधिकारियों और स्थानीय पुलिस के लिए कार्य करने और बदलाव लाने का समय आ गया था।

क्षेत्रीय प्रशासक और पुलिस को निर्देश देने से लेकर नियमित रूप से ओपन हाउसेस रखने तक, अधिकारियों को क्षेत्र के दौरे के महत्त्व

पर जोर देने के लिए, एचएलजी ने हर पल यनम में टीम की मेंटरिंग और मार्गदर्शन करने में बिताया।

यात्रा का मुख्य आकर्षण

जब हम बाढ़ की साइट पर गए, तो अगले मानसून में बाढ़ को रोकने के लिए, पुलिया के नीचे बने एक फाटक को ठीक करने की आवश्यकता का पता चला।

ठोस अपशिष्ट प्रबंधन के लिए उसका तत्काल निपटारा करने की आवश्यकता होती है। कनक अलपेट डंप यार्ड को भी तत्काल ध्यान देने की आवश्यकता थी क्योंकि यह कई बीमारियों के लिए प्रजनन स्थल था।

बायोमेडिकल कचरे के निपटान पर शिकायतों के बाद, जीएच अस्पताल को उचित वेस्ट सेग्रीगेशन मेथड्स और विभिन्न रंगों के डिब्बे का उपयोग करने की आवश्यकता थी।

द्वीप संख्या E5 में पर्यावरण कानूनों के उल्लंघन के कई मुद्दे थे और इस प्रक्रिया में लगभग 5 करोड़ रुपये का नुकसान हुआ है।

मंदिर के मुद्दे के बारे में, एचआरआई कमिश्नर द्वारा की गई जांच से पता चला है कि मंदिर के खातों का दशकों से ऑडिट नहीं किया गया था। ट्रस्टियों को वित्तीय चूक का स्पष्टीकरण देना था। यह भी अनुरोध किया गया था कि वे वैज्ञानिक रूप से मंदिर की वास्तविक उम्र का विश्लेषण करें।

शाम को ओपन हाउस आयोजित किया गया और सौ से अधिक याचिकाएँ प्राप्त हुई। चूंकि ये एक शाम में उपस्थित नहीं हो सकते थे, इसलिए अगले दिन सुबह 8 बजे ओपन हाउस खोला गया। तब भी याचिकाकर्ताओं की लंबी कतार थी। एचएलजी कार्यालय से बाहर चली गयी और उन्होंने याचिकाकर्ताओं की एक सार्वजनिक बैठक को संबोधित किया।

एचएलजी ने अधिकारियों को भी संबोधित किया और उन्हें विजिबल रहने, लोगों के लिए सुलभ रहने के लिए, श्रमदान करने और एक स्वच्छ

यनम की दिशा में काम करने पर जोर दिया। उन्होंने उनसे कहा कि वे ओपन हाउस उनके लिए सेवा करने की शक्ति महसूस करने का जरिया हैं। "आप अपनी पोजीशन को लेकर डरते हैं। इसके बजाए, आप निडर होकर सेवा करें। जैसा कि अधिकारियों को कोमल और प्रभावी होना चाहिए।" डॉ. किरण बेदी ने ऐसा तब कहा जब वे अधिकारियों को यनम की बेहतरी के लिए क्षेत्रीय प्रशासक के साथ एक टीम के रूप में काम करने के लिए सलाह दे रहीं थी।

मीडिया

माननीय एलजी डॉ. बेदी के यनम पहुंचने से पहले ही कई मीडिया रिपोर्ट्स हवा में तैर रही थीं। एक मंत्री ने कहा था, "अगर डॉ. बेदी यनम में आएँगी तो उन्हें सबक सिखाया जाएगा।" मीडिया रिपोर्टों से यह भी पता चला है कि उन्होंने माननीय एलजी के खिलाफ विरोध प्रदर्शन करने की धमकी दी थी। इस सारे विरोध के बावजूद, राजनिवास की टीम ने दौरा किया। मीडिया के प्रतिनिधि हर समय घूम रहे थे, यात्रा के विशेष क्षणों को पकड़ने की कोशिश कर रहे थे। माननीय एलजी ने यात्रा के अंत में एक प्रेस मीट को भी संबोधित किया और उनसे उन मुद्दों पर सवाल पूछे गए जिन्हें पहले उनके ध्यान में नहीं लाया गया था।

नेतृत्व और शासन का एक आदर्श मॉडल

नेतृत्व की कीमती सीख

प्रतिमान शक्तिशाली होते हैं क्योंकि वे लेंस बनाते हैं जिसके माध्यम से हम दुनिया को देखते हैं।... यदि आप अपने जीवन में छोटे बदलाव चाहते हैं, तो अपने दृष्टिकोण पर काम करें। लेकिन अगर आप कुछ बड़ा और प्राथमिक बदलाव करना चाहते हैं तो अपने प्रतिमान पर काम करें। –स्टीफन कोवे

उपरोक्त वर्णन से सच है, सर्वश्रेष्ठ प्रथाओं का मॉडल जो डॉ. किरण बेदी के नेतृत्व में विकसित हुआ उसने प्रतिमान बदलाव पर काम किया है और उसने पुडुचेरी के प्रशासन में महत्त्वपूर्ण बदलाव लाने में मदद की। सबसे प्रभावी तकनीकें निम्लिखित हैं जो किसी भी संगठन को बेहतर प्रदर्शन करने में मदद कर सकती हैं:

साइलो बनाने के लिए प्रोत्साहित करने के बजाए टीम के काम को प्रोत्साहित करें।

अपनी दृष्टि और कार्य का उद्देश्य स्पष्ट रखें और अपनी टीम को उन लक्ष्यों को प्राप्त करने की दिशा में काम करने के लिए प्रेरित करें।

अपने आप को विजिबल और सुलभ बनाएं ताकि लोग काम के ईमेल और अन्य संचार प्राप्त करने के बजाए सीधे आपको सुन सकें।

अनौपचारिक कार्य समूहों में सहयोग करें और एक साथ काम करें।

जनता को हितधारकों के रूप में व्यस्त रखें ताकि उन्हें पता हो कि वे आपके पास पहुंच सकते हैं और आपके साथ काम कर सकते हैं।

फील्ड विजिट्स पर जाने के लिए दिन के समय को फिक्स करें ताकि आप अपने दैनिक कार्य क्षेत्रों की पहचान कर सकें जिनमें सुधार की आवश्यकता है।

सबसे महत्त्वपूर्ण बात, अपने आप को ऊर्जावान बनाए रखें और समस्या-समाधान करने के लिए प्रेरित करें और बिना किसी डर या पक्षपात के काम करें।

डॉ. किरण बेदी को प्रशासक और नेता बनने में जिसने मदद की है, वह है उनकी उद्देश्यपूर्ण दयालुता। एमी कड्डी और उनके शोध सहयोगियों द्वारा हार्वर्ड बिजनेस स्कूल में एक अध्ययन में कहा गया है कि अपनी विश्वसनीयता या क्षमता स्थापित करने से पहले भी, जो नेता विनम्रता और दया भावना से योजना बनाते हैं, वे उन लोगों की तुलना में अधिक प्रभावी होते हैं जो क्रूरता से प्रेरित होते हैं। दयालुता विश्वास बनाने में मदद करती है। अध्ययनों से पता चलता है कि चार सबसे अच्छे तरीके जो उद्देश्यपूर्ण दयालुता का अभ्यास करने में लोगों को पहचानने में मदद करते हैं; मार्गदर्शन और सहायता की आवश्यकता होने पर लोगों की सहायता करने में दयालुता; आपकी टीम की देखभाल करने और यह समझने में दया रखना कि वे भी लोग हैं, परिवार हैं, मुद्दे हैं और उनके साथ सहानुभूति रखनी चाहिए; और सबसे महत्त्वपूर्ण, अत्यधिक गंभीर होने के बजाय प्रतिक्रिया देते समय दयालु होना चाहिए।

डॉ. किरण बेदी, न केवल एक लेफ्टिनेंट गवर्नर के रूप में, बल्कि एक ऐसी व्यक्ति भी हैं, जो उद्देश्यपूर्ण दयालुता का अभ्यास करती हैं। उन्होंने दया का नेतृत्व किया है और यह उनकी दया है जिससे पुडुचेरी में अधिकारियों को उनसे बहुत कुछ सीखने में मदद की है। विभाग बेहतर प्रदर्शन करते हैं, शिकायतों का समाधान किया गया है और लोगों के पास एक प्यार करने वाला नेता है जिसकी स्थानीय भाषा तमिल नहीं है, लेकिन वह दयालुता से बात करती हैं और उनकी मदद करने के लिए हमेशा तैयार रहती हैं और यहां तक कि उन्हें आश्वस्त करने के लिए गले लगाती हैं।

दलाई लामा ने कहा, "जब भी संभव हो दयावान बने और ऐसा करना हमेशा संभव है।" डॉ. किरण बेदी इस कहावत का पालन करती हैं और एलजी के रूप में उनका काम इस बात के लिए गवाही देता है। उनका नेतृत्व इस बात का सबसे अच्छा उदाहरण है कि जहाँ वे हैं वहां दयालुता का बोलबाला है।

आभार

> कृतज्ञता हमारे अतीत का बोध कराती है, आज के लिए शांति लाती है और कल के लिए एक दृष्टि पैदा करती है। – मेलोडी बट्टी

इस पुस्तक को लिखने में मैं निम्नलिखित लोगों के प्रति आभार व्यक्त करना चाहूंगी जिनकी सहायता और समर्थन के बिना यह संभव नहीं होगा।

उनकी कृपा और आशीर्वाद के लिए सर्वशक्तिमान मुझे इस पुस्तक पर काम करने के लिए शक्ति और दृष्टि दे रहा है।

मेरी माँ, जिनसे मैंने लेखन का जीन हासिल किया है और जो मुझे लगातार लिखते रहने के लिए प्रोत्साहित करती हैं। मेरी बहन और उनके परिवार ने हमेशा मुझे लेखन में अपनी प्रतिभा को आगे बढ़ाने के लिए प्रोत्साहित किया।

डॉ. किरण बेदी, जो मेरे लिए एक माँ हैं, मार्गदर्शक और गुरु हैं और उन्होंने मुझे इस पुस्तक को लिखने के लिए प्रोत्साहित किया और इसके हर कदम पर मेरा मार्गदर्शन किया।

राजनिवास के सभी अधिकारी - 10 बजे की टीम - श्री थेवा नीती धस, उपराज्यपाल के ओएसडी, श्री सुंदरसेन, अतिरिक्त सचिव, श्री श्रीधरन, निजी सचिव, श्रीमती आशा गुप्ता, घरेलू नियंत्रक, डॉ. बस्केरन, मुख्य शिकायत अधिकारी, श्री कार्तिकयन, एडीसी और श्री कुमारन, पीआरओ, जो राजनिवास के पूरे कामकाज को संचालित करते हैं और राजनिवास की सभी गतिविधियों के बारे में मुझसे बात करते हैं।

राजनिवास की पूरी क्रिएटिव टीम जो मुझे अपने हर काम में मदद करने के लिए एक हिस्सा बन गयी है। विजय और पूंगुझली, मेरे साथ लीडरशिप वीडियो साझा करने वाली वीडियोग्राफर टीम है। मेरी सहेली बीना सिवन का विशेष धन्यवाद, जिन्होंने जरूरत पड़ने पर अपना बहुमूल्य इनपुट दिया। समर्थन के लिए पूजा लाल, ईशा अरोड़ा और तिलक अंबालाथन की शोध टीम का धन्यवाद।

राजनिवास में एक मणिकनंदन फोटोग्राफर ने उन सभी चित्रों को साझा किया, जिनका उपयोग मैंने इस पुस्तक में किया है।

मेरे डिजाइनर ए.एस. दिवाकर और कंपुप्रिंट के एस. रिस्वान जिन्होंने इस पुस्तक को एक साथ रखने में, मेरी मदद करने में बहुत श्रमसाध्य काम किया।

मेरे मित्र संजय पिंटो, जिन्होंने पुस्तक के लिए प्रस्तावना लिखना स्वीकार किया।

इस पुस्तक को लाने के लिए इंडिया विजन फाउंडेशन से मिले सभी विस्तारित सहयोग के लिए।

मैं अपने काम में विश्वास दिखाने के लिए स्टर्लिंग पब्लिशर्स और मिस्टर एसके घई का शुक्रिया अदा करती हूं।

मैं अपने संपादक श्री संजीव सरीन को अपनी पुस्तक का सावधानीपूर्वक संपादन करने के लिए धन्यवाद देना चाहती हूं।

लेखक के सम्बन्ध में

शिवानी अरोड़ा चेन्नई की एक स्वतंत्र पत्रकार हैं, जो राष्ट्रीय समाचार पत्रों और पत्रिकाओं के लिए लगभग 20 वर्षों के अनुभव लेखन के साथ हैं। वह वर्तमान में टाइम्स ऑफ इंडिया में योगदान देती हैं। शिवानी ने छह कॉफी-टेबल पुस्तकों का कांसेप्ट दिया और लेखन किया है।

वह भाषायी विशेषज्ञ हैं और उनके काम में कई बच्चों की किताबों का अंग्रेजी से हिंदी में अनुवाद शामिल है। वह स्वास्थ्य के मुद्दों पर भी लिखती रही हैं।

वर्तमान में वह महिलाओं के लिए चलाई जा रही मधुमेह जागरूकता परियोजना के दिवावास की सोशल मीडिया संपादक हैं।

शिवानी स्टेल मैरिस से एक इतिहास स्नातक हैं। उनकी अकादमिक उपलब्धियों में सार्वजनिक प्रशासन और हिंदी साहित्य में दो स्नातकोत्तर डिग्री और अनुवाद में स्नातकोत्तर डिप्लोमा शामिल हैं। उनके शौक में पढ़ना, यात्रा करना शामिल है और उनको लोगों से मिलना पसंद है।

वर्तमान में डॉ. किरण बेदी के साथ उनका जुड़ाव उन्हें उनके किशोरावस्था के दिनों में वापस ले जाता है, तब से वे उनको अपना प्रेरणा स्रोत बना चुकी हैं, हालांकि वह उनसे पहली बार 2010 में एक पुस्तक-लॉन्च कार्यक्रम में मिली थीं। वह डॉ. बेदी को देखती रहती हैं, जो उनको हर पल विकसित होने, उन्नति करने और यह विश्वास दिलाने के लिए प्रेरित करती हैं कि अपने हर सपने को हासिल करना हमेशा संभव है।

किरण बेदी

द्वारा लिखी गई अन्य पुस्तकें

As I See...
Kiran Bedi
978 81 207 8186 3 ₹ 300

Empowering Women... As I See *Kiran Bedi*
978 81 207 8114 6 ₹ 200

Be The Change Fighting Corruption *Kiran Bedi*
978 81 207 7716 3 ₹ 195

Issues & Views
Kiran Bedi
978 81 207 5068 5 ₹ 299

It's Always Possible

Kiran Bedi

978 81 207 2886 8 ₹ 500

ई-मेल: mail@sterlingpublishers.in
वेबसाइट: www.sterlingpublishers.in